JEZUS

Ook verschenen van Deepak Chopra:

Boeddha. Een verhaal over verlichting

Deepak Chopra

JEZUS

Een roman over verlichting

Uitgeverij
Ten Have

Oorspronkelijk verschenen onder de titel *Jesus. A Story of Enlightenment* bij Harper-One, imprint van HarperCollins Publishers.
© Deepak Chopra, 2008
© Nederlandse vertaling: Uitgeverij Ten Have, 2009
Postbus 5018, 8260 GA Kampen
www.uitgeverijtenhave.nl
Uitgegeven op basis van een contract met HarperOne, een imprint van HarperCollins Publishers.

Vertaald uit het Engels door Wim van der Zwan
Omslag Studio Jan de Boer
ISBN 978 90 259 5885 5
NUR 728

Inhoud

Voorwoord

Dit boek gaat niet over de Jezus die je in het Nieuwe Testament kunt vinden, maar over de Jezus die daar ontbreekt. De evangelieschrijvers zwijgen over wat bekendstaat als de 'verloren jaren', het leven van Jezus tussen zijn twaalfde en dertigste levensjaar. Jezus is eigenlijk voor die tijd al verdwenen, want het enige voorval na zijn geboorte (alleen te vinden bij Lucas) verhaalt over de twaalfjarige Jezus die tijdens het paasfeest in Jeruzalem van zijn ouders gescheiden raakt. Jozef en Maria zijn al op weg naar huis als ze erachter komen. Bezorgd keren ze terug en vinden hun zoon Jesjoea (zoals hij heet in het Hebreeuws) die met de priesters in de tempel aan het debatteren is over God. Buiten dit ene opvallende moment is er niets bekend over Jezus' kindertijd en jeugd.

Maar er is nog een andere Jezus die niet in het Nieuwe Testament te vinden is – de verlichte Jezus. Deze afwezigheid heeft volgens mij het christelijke geloof aanzienlijke schade toegebracht, want hoe uniek Jezus ook is, als je hem tot de enige Zoon van God maakt dan laat je de rest van de mensheid ontreddderd achter. De heiligheid van Jezus staat mijlenver af van ons dagelijkse doen en laten. Miljoenen christenen accepteren deze scheiding, maar die scheiding is niet nodig. Hoe zou het zijn als Jezus wilde dat zijn volgelingen – en wij – dezelfde eenheid met God bereiken die hij heeft bereikt?

Mijn verhaal is gebaseerd op de veronderstelling dat hij dit inderdaad wilde. Door de jonge zoeker uit Nazaret op zijn pad om de Christus

7

te worden te volgen, kon ik een plattegrond voor verlichting construeren. Het was niet nodig die plattegrond zelf uit te vinden. Verlichting is van alle tijden en het pad van lijden en afscheiding naar vreugde en eenheid met God is goed gemarkeerd. Ik plaatste Jezus op dit pad omdat ik geloof dat hij het liep. Natuurlijk zullen vele christenen met mij van mening verschillen, soms zelfs heftig. Ze willen dat Jezus uniek blijft; de enige mens die ook God was. Maar als Jezus tot deze wereld behoorde, zoals ik geloof, dan kan zijn verhaal niet diegenen uitsluiten die ook een godbewustzijn hebben gerealiseerd. Jezus blijft in deze roman een verlosser, maar hij is niet de *enige* verlosser.

Ik voelde me eerst niet op mijn gemak met het schrijven van een roman over de verloren jaren. Het is ondenkbaar om een nieuw evangelie te schrijven. Bovendien loop je het risico zijn hogere taak te ontkennen, als je op een aardse manier over Jezus schrijft. Ik wilde een bron van inspiratie zijn voor gelovige christenen – en voor alle zoekers. Dit kon alleen door Jezus in de handel en wandel van het dagelijkse leven te plaatsen. Ook hij maakte zich zorgen over geweld en onrust, ook hij vroeg zich af of God wel luisterde en ook hij was gefascineerd door de vraag: 'Wie ben ik?' Door Jezus op deze manier te benaderen probeerde ik me een voorstelling te maken hoe hij tot zijn leringen is gekomen zonder daarbij de bedoeling te hebben om de leringen uit de Bijbel tegen te spreken.

Dus, hoe ziet Jezus eruit als een jonge, weifelende zoeker? Ik worstelde met verschillende mogelijkheden. Ik kon doen alsof dit een verloren biografie was. Maar biografieën zijn gebaseerd op feiten en die zijn in dit geval op de vingers van één hand te tellen: de namen van de gezinsleden van Jezus en verder bijna niets. Kon Jezus lezen? Hoe goed was hij onderricht in de Thora? Leefde hij buiten de Romeinse cultuur of mengde hij zich vrij met de imperialistische kolonisten en soldaten? Niemand kan hier met zekerheid een antwoord op geven.

Huidige wetenschappers vragen zich zelfs af of Jezus wel als timmerman opgeleid was; sommige gezaghebbende historici beweren dat zijn vader Jozef eerder een metselaar of ambachtsman, een soort manusje-van-alles, was. Hoe dan ook, het Nieuwe Testament is niet biografisch. Het is geschreven door volgelingen om te bewijzen dat een bepaalde charismatische rondtrekkende leraar de lang verwachte messias is. Bovendien is het geschreven in een tijd waarin ook andere kandidaten luid beargumenteerden waarom zij de messias waren.

Een andere mogelijkheid was om een soort spirituele fantasie te schrijven waarbij ik mijn fantasie de vrije loop kon laten. Aangezien een dergelijk verhaal geen feiten kent, zijn er geen grenzen waaraan ik me zou moeten houden. Jezus kon zijn onderricht gekregen hebben in het atelier van een tovenaar in Efeze of hij kon aan de voeten hebben gezeten van de erfgenamen van Plato in het Parthenon. Maar dat leek aanmatigend.

Mijn laatste mogelijkheid was om te beginnen bij de bekende en geliefde Jezus uit de evangeliën om van daaruit terug te werken. Dat was het veiligste geweest, een soort *Young Indiana Jones* die onze zucht bevredigt naar de held van wie we weten dat hij op het toneel zal gaan verschijnen. De Bijbel laat ons een man vol liefde, mededogen, vriendelijkheid en wijsheid zien, en het ligt voor de hand dat hij ook als kind al liefde, vriendelijkheid, mededogen en wijsheid liet zien. Door de jaren heen ontwikkelden deze kwaliteiten zich, tot de dag dat – rond zijn dertigste – Jezus ten tonele verschijnt en hij aan zijn neef Johannes vraagt om hem te dopen in de Jordaan.

Toen ik in gedachten deze mogelijkheden overwoog, realiseerde ik me dat de Bijbel meer dan één Jezus niet noemt. Het had enkel zin om die Jezus te herstellen die het belangrijkste is; de Jezus om wie alles draait en die erom smeekt bekend te worden. Voor mij is dit geen persoon, maar een staat van bewustzijn. Door een proces in zijn bewustzijn werd Jezus één met God. Vanuit het standpunt van de Boeddha of de oude *rishi's* (zieners) uit India, bereikte Jezus verlichting. Dit zou mijn echte onderwerp worden: een jongeman, met het potentieel om een heiland te worden, ontdekt zijn vermogen en leert het vervolgens te gebruiken.

Ik hoop dat ik de diepste nieuwsgierigheid van de lezers kan bevredigen. Hoe voelt vereniging met God? Kan het pad van Jezus ook ons pad zijn? Ik geloof van wel. Jezus was een leraar in hoger bewustzijn en niet alleen een stralend voorbeeld ervan. Hij vertelde zijn leerlingen dat ze alles zouden kunnen doen wat hij had gedaan en nog meer. Hij noemde hen 'het licht van de wereld', dezelfde term die hij ook voor zichzelf gebruikte. Hij verwees naar het hemels koninkrijk als een eeuwige staat van genade, niet als een plek ergens ver weg in de wolken.

Kort gesteld, de Jezus die niet in het Nieuwe Testament genoemd wordt, is op veel manieren de belangrijkste Jezus voor de tijd waarin we leven. Zijn zoektocht naar redding weerklinkt in ieders hart. Als dat niet zo zou zijn, dan zou de korte carrière, van de controversiële en grotendeels verachte rabbi aan de rand van de joodse gemeenschap van de eerste eeuw, niet zoveel betekenen. Maar zoals we allen weten, raakte deze raadselachtige rabbi voor altijd ingebed in mythe en symboliek. Ik wil de Jezus in dit boek niet als object van verering neerzetten, ook wil ik mijn visie zeker niet naar voren schuiven als de enige en definitieve versie. De gebeurtenissen in dit verhaal zijn louter verzonnen. Maar op een dieper niveau voelt deze Jezus waarachtig voor mij omdat ik een heel klein beetje in zijn denkwereld heb kunnen kijken. Eén flits van inzicht kan veel gebeden verhoren. Ik hoop dat dit voor de lezers ook opgaat.

Deepak Chopra   Mei 2008

DEEL I

ZOEKER

1

De vreemdeling in de sneeuw

E en paard!' riep de tempelknecht uit, snakkend naar adem. 'Kom gauw kijken.'

'Waarom?' vroeg ik zonder op te kijken. Ik was aan het schrijven, zoals ik elke morgen deed. Mijn krabbels bereikten niemand buiten deze donkere, half vervallen hut, maar dat deerde me niet.

'Omdat het geweldig groot is. Snel, voor iemand hem steelt.'

'Bedoel je voordat jij hem steelt?'

De jongen was zo opgewonden dat hij zijn emmer warm water over de vloer liet klotsen. Hij mocht na zonsopgang in mijn hut komen om een warm bad voor me te maken.

Ik keek hem ernstig aan: 'Wat dacht je van een beetje afstandelijkheid?'

'Wat?' vroeg hij.

'Ik dacht dat de priester je leerde niet zo opgewonden te raken.'

'Ja, maar dat was voordat het paard kwam.'

Als je hoog in deze bergen geboren bent, is een loslopend paard een gebeurtenis. Waar zou dit paard vandaan komen? Waarschijnlijk uit het westen van het rijk, waar ze grote zwarte hengsten fokken. De lokale bevolking kende de dieren naar hun windrichting. Olifanten kwamen uit het zuiden, waar het oerwoud begint, kamelen kwamen uit de woestijn in het oosten. Op al mijn reizen had ik slechts één van deze grijze monsters gezien. Net een lopende muur.

Vanuit het noorden, over de pas, kwamen de kleine harige pony's die je hier veel zag. Handelaren gebruikten ze om van dorp naar dorp te reizen met hun koopwaar: hennep, zijde, wierook, zout, gedroogd vlees en meel. De noodzakelijke levensmiddelen plus zijde, dat in blijde tijden gebruikt werd om een bruidje te versieren en in verdrietige tijden om een lijk in te wikkelen.

Ik deed het penseel met inkt weer terug in de houder en wreef het zwart van mijn vingers. 'Je kunt die emmer beter neerzetten voor we allebei verdrinken,' zei ik. 'En pak daarna mijn jas.'

Die nacht was een sneeuwstorm van de hoge bergtoppen neergedaald. De storm had tegen de gespannen dierenhuiden voor mijn ramen gebeukt en had dertig centimeter verse sneeuw achtergelaten. Ik kwam uit de hut en keek om me heen.

Hier is meer dan een paard, dacht ik.

De tempelknecht was te ongeduldig om op me te wachten en rende het pad af naar beneden.

'Vind de vreemdeling,' riep ik.

De jongen draaide zich om. Ik had de wind in mijn rug en op deze hoogte reikte mijn stem erg ver.

'Welke vreemdeling?' riep de jongen terug.

'Degene die van zijn paard is gevallen. Ga hem zoeken. Zoek goed en treuzel niet.'

De tempelknecht aarzelde. Hij vond het veel fijner om naar een mooi groot paard te kijken, maar een lichaam zoeken in de sneeuw was ook aantrekkelijk. Hij knikte en ging de bocht om zodat ik hem niet meer kon zien. Een volwassen man verdween gemakkelijk achter de grote rotsblokken aan weerszijden van het pad, en een magere knul al helemaal.

Ik volgde hem langzaam, maar niet vanwege mijn leeftijd. Ik weet niet hoe oud ik ben. Dat interesseert me al lang niet meer. Maar ik kan me nog steeds voortbewegen zonder dat mijn botten kraken.

Ik had de komst van de vreemdeling al twee dagen geleden voorzien, maar niet de nachtelijke storm. Hij zou niet omkomen door de sneeuw, maar hoogstwaarschijnlijk wel door de koude lucht die van de bergtoppen raasde. Niemand ter wereld kon zich wapenen tegen een dergelijke kou. Ik heb de dorpelingen geholpen gestrande reizigers te redden. Als ze geluk hadden waren alleen hun neus en hun tenen zwart. Compleet verdoofd werden ze naar een beschutte plek gesleept, maar zodra hun redders hen opwarmden schreeuwden ze het uit van de pijn.

Iedereen die in mijn dal woont, heeft ontzag voor de gevaarlijke, hoge bergen. Maar ze vereren het gebergte ook want dat herinnert hen eraan dat de hemel dichtbij is. Ikzelf heb de vertroosting van de hemel niet nodig.

De dorpelingen deden geen beroep meer op mij voor hun reddingswerk. Ze voelden zich niet op hun gemak als ze zagen dat een oude kluizenaar met het uiterlijk van een uit teakhout gesneden misbaksel op blote voeten kon lopen, terwijl zij hun voeten moesten beschermen met vodden en geitenhuiden. Als ze op lange winternachten samenkwamen spraken ze hierover en ze besloten dat ik een verbond met een demon had gesloten. Omdat er duizenden plaatselijke demonen waren, konden er wel een paar gemist worden om op mijn voeten te letten.

Ik liep het pad af tot ik in de verte een vage schreeuw hoorde in de wind. Het leek meer op het gepiep van een knaagdier dan op de stem van een jongen, maar ik snapte wat het betekende. Ik liep in de richting waar het geluid vandaan kwam, en versnelde mijn pas. Ik had er persoonlijk belang bij om de vreemdeling levend te vinden.

Toen ik over de volgende kam klom, zag ik een bult in de sneeuw. De tempelknecht staarde naar deze onbeweeglijke berg.

'Ik heb op u gewacht voordat ik er tegenaan schop,' zei hij. Zijn gezicht verraadde die mengeling van angst en genoegen die over mensen komt als ze denken dat ze een lijk hebben gevonden.

'Luister naar me. Wens niet dat hij dood is. Dat helpt niet,' waarschuwde ik hem.

In plaats van te schoppen, knielde de jongen neer en begon de sneeuw als een razende met zijn handen weg te scheppen. De vreemdeling had zich onder een halve meter sneeuw weten te begraven, maar dat was niet het meest verbazingwekkende. Toen ik de contouren van zijn lichaam zag, zag ik dat hij op zijn knieën zat met zijn handen gevouwen onder zijn kin. De jongen had nog nooit iemand in die houding gezien.

'Is hij zo bevroren?' vroeg hij.

Ik gaf geen antwoord. Ik staarde naar het lichaam en was onder de indruk dat iemand kon blijven bidden tot de dood erop volgde. De positie vertelde me ook dat dit een jood was, want in het oosten zitten heiligen in kleermakerszit als ze bidden. Ze knielen niet.

Ik zei tegen de jongen dat hij naar het dorp moest rennen voor een slee. Hij gehoorzaamde zonder meer. We hadden het lichaam best met zijn tweeën kunnen dragen, maar ik moest even alleen zijn. Zodra de jongen verdwenen was, bracht ik mijn mond dicht bij het oor van de vreemdeling. Het oor was bedekt met ijs, maar nog helder roze.

'Maak een beweging,' fluisterde ik, 'ik weet wie je bent.'

Eerst gebeurde er niets. Het leek erop dat de vreemdeling bevroren bleef, maar ik deed geen poging om hem met mijn eigen lichaam te verwarmen. Als dit de bezoeker was die ik verwachtte, was dat ook niet nodig. Maar ik kwam hem een beetje tegemoet door hem bij zijn naam te roepen.

'Jezus, word wakker.'

De meeste mensen reageren als je hun naam zegt. Sommigen komen zelfs terug uit de schaduw van de dood. De vreemdeling bewoog, eerst nauwelijks zichtbaar, maar genoeg om wat sneeuw van zijn bevroren haren te schudden. Hij ontdooide niet. Mensen zijn geen karpers die de hele winter in het ijs gevangen zitten en pas weer tot leven komen als de meren in de lente ontdooien. De vreemdeling had zichzelf met geesteskracht in een toestand van volkomen stilte gebracht en hij bracht zich nu met dezelfde kracht weer terug. Als de jongen dit gezien had, zou hij ervan overtuigd zijn geweest dat ik zwarte magie had bedreven.

Jezus tilde zijn hoofd op en staarde me wezenloos aan. Hij was nog niet helemaal terug in de wereld. Langzaam maar zeker kwam ik in beeld.

'Wie ben je?' vroeg hij.

'Dat doet er niet toe,' antwoordde ik.

Ik probeerde hem overeind te helpen, maar Jezus verzette zich. 'Ik kwam hier slechts om een bepaalde man te zien. Laat me met rust als jij die man niet bent.' Hij was pezig en sterk, zelfs na zo'n uitputtende tocht. Zijn weerstand duwde me terug.

Jezus vroeg niet naar zijn paard. Hij sprak plat Grieks, het soort dat men gebruikt op de markten in het westen van het rijk. Hij had het vast onderweg ergens opgepikt. Ik kende een paar woorden die ik geleerd had van de handelaren toen ik zo oud was als de vreemdeling nu, een jaar of vijfentwintig.

'Doe niet zo koppig,' zei ik. 'Ik ben hier gekomen om je uit te graven. Wie anders zou zich bezighouden met een gewone berg sneeuw?'

Jezus bleef op zijn hoede: 'Hoe weet je mijn naam?'

'Je vraag beantwoordt zichzelf,' zei ik. 'De juiste man kent je naam zonder ernaar te vragen.'

Nu glimlachte Jezus en samen probeerden we zijn koude en stramme knieën te buigen. Hij stond wankel op en viel meteen tegen mijn schouder.

'Even wachten,' zei hij.

Op dat moment zag ik hoe lang hij was. Ik was een halve kop groter dan de bewoners van het bergdorp en Jezus was een halve kop langer dan ik. Hij had donker haar en een korte baard, slordig geknipt zoals een reiziger zou doen wanneer hij geen tijd heeft om zich netjes te verzorgen. Zijn bruine ogen leken donkerder dan gebruikelijk omdat ze afstaken tegen zijn bleke huid. Bleek in vergelijking met de huid van de bergbewoners die er door de hoogte en de zon uitziet als een leren wijnzak.

Jezus stond toe dat ik hem half de berg op droeg, terwijl hij tegen mijn schouder aanleunde. Daaruit maakte ik op dat hij me nu vertrouwde. Hij vroeg niet meer naar mijn naam. Het lijkt een detail, maar ik zag het als voorkennis. Ik houd van strikte anonimiteit. Als je helemaal alleen wilt zijn, vertel je niemand je naam en vraag je ook niemand naar zijn naam. Zelfs de lokale dorpsbewoners wisten mijn naam niet, ook al woonde ik al jaren vlak bij hen. Ik vergat hun naam zodra ik die hoorde. Zelfs de naam van de tempeljongen kende ik niet meer. Soms noemde ik hem 'Kat' omdat het zijn taak was om in de tempel de veldratten te vangen die aangetrokken werden door de wierook en de olie.

Na een goede vijfhonderd meter rechtte Jezus zijn rug en liep zelfstandig verder. Even later verbrak hij de stilte. 'Ik heb over u horen praten. Ze zeggen dat u alles weet.'

'Nee, dat zeggen ze niet. Ze zeggen dat ik een domme idioot ben of een duivelsaanbidder. Vertel me de waarheid. Je zag me in een visioen.'

Jezus leek verbaasd.

Ik keek hem aan en zei: 'Je hoeft je inzicht niet voor mij te verbergen. Niets in mij is verborgen. Als je ogen hebt, kun je zien.'

Hij knikte. Het vertrouwen tussen ons was nu volkomen.

We kwamen al snel aan bij mijn door de wind geteisterde hut. Eenmaal binnen reikte ik omhoog naar de dakspant en haalde een pakje tevoorschijn, gewikkeld in vuile linnen vodden.

'Thee,' zei ik. 'Echte thee, niet die gedroogde gerststengels die ze hier koken.'

Ik zette een pot gesmolten sneeuw op de stoof om te koken. Het vuur was rokerig, omdat ik voor het dagelijks gebruik gedroogde mest verbrandde. De vloer van de hut was bepleisterd met dezelfde mest, vermengd met stro. Elk voorjaar brachten vrouwen er een nieuwe laag op aan.

Jezus hurkte op de vloer zoals de boeren doen en keek toe. Als ik werkelijk alles wist, zou ik ook weten of Jezus geleerd had zo te zitten bij zijn eigen volk of tijdens zijn lange reizen. De ogen van mijn gast, gewend aan de pure buitenlucht, traanden van de rook. Ik trok een van de gedroogde huiden voor het raam weg om wat frisse lucht binnen te laten.

'Je went eraan,' zei ik.

Ik was niet van plan over dit bezoek te schrijven, al had ik in twintig jaar maar een paar keer bezoek gehad. Zo te zien was er niets bijzonders aan Jezus. Onwetendheid en bijgeloof zorgen ervoor dat mensen met een speciale lotsbestemming tot reuzen en monsters worden gemaakt. De werkelijkheid ziet er anders uit. Waren de ogen van Jezus zo diep als de oceaan en zo donker als de eeuwigheid? Nee. De ingewijde ziet iets in zijn blik dat niet in woorden uit te drukken is, maar datzelfde gaat op voor een arm dorpsmeisje dat voor het eerst haar pasgeboren baby ziet en overstroomt van liefde. Eén ziel is elke ziel, alleen wij weigeren dat te zien.

Evenzo zijn alle woorden de woorden van God. Mensen weigeren ook dat in te zien. Jezus sprak net als iedereen. Maar gek genoeg sprak niet iedereen als Jezus.

Het eerste uur dronken we samen onze zwarte thee, sterke thee zoals de bezoeker wilde, niet slap zoals ik het gewoonlijk dronk. Ik moest de hele winter met mijn voorraad doen.

'Ik geloof dat ik je probleem begrijp,' zei ik.

'Bedoel je de reden waarom ik hierheen ben gekomen?' vroeg Jezus.

'Dat is toch hetzelfde? Je hebt God gevonden en dat was niet genoeg. Dat is het nooit. Er is geen ergere honger dan eeuwige honger.'

Jezus keek niet verbaasd. De juiste man zou zo praten, zonder vooraf vragen te stellen. Ik had genoeg koortsige jongemannen gezien die met hun visioenen de berg op kwamen. Ze brandden zichzelf op en waren altijd snel weer weg, hun visioenen in as met zich meenemend.

'God vinden is één ding,' zei ik. 'God worden iets anders. Dat is toch wat je wilt?'

Jezus schrok op. In tegenstelling tot de andere koortsige jongemannen had hij me niet gevonden uit eigen wil, maar was hij onzichtbaar geleid, bij de hand genomen als een kind.

'Zo zou ik het niet willen zeggen,' zei hij nuchter.

'Waarom niet? Je kunt je nu toch geen zorgen meer maken over godslastering?' Ik lachte. De lach kwam eruit als een korte, zachte blaf.

'Je bent al zo vaak van godslastering beschuldigd. Maak je geen zorgen. Niemand kijkt over je schouder. Als ik de deur dichtdoe, moeten zelfs de lokale goden buiten blijven.'

'Niet mijn God.'

Na deze uitwisseling praatten we niet meer, maar zaten we in stilte terwijl de theepot op de stoof siste. Stilte is geen afwezigheid van iets. Het biedt juist de ruimte en de mogelijkheid om nieuwe ideeën te ontwikkelen. Stilte is het mysterie waarin ik handel. Stilte en licht. Daarom had ik geen problemen met het herkennen van het licht dat Jezus met zich meedroeg.

Maar er was meer. Zijn pad was al uitgestippeld voor hij werd geboren. Hij was nog jong en had er slechts een glimp van opgevangen, maar iemand anders zou wellicht in staat zijn om zijn pad te zien zonder tranen. Daarom was Jezus door de sneeuwstorm geleid; onze twee visies moesten samenkomen.

Hij viel al zittend in slaap, overmand door uitputting. De volgende morgen vertelde hij zijn verhaal. De woorden stroomden uit zijn mond en zijn verhaal leek onwezenlijk in de koude en donkere hut. Maar dat was te verwachten. Al lang geleden vermoedde Jezus dat hij wellicht in een droom leefde.

Ik hoorde zijn verhaal aan en zag met mijn geestesoog nog veel meer. Luister naar het verhaal en oordeel zelf.

2

De twee Judassen

De luide stem vulde de stenen graanschuur tot de nok.
'Wat gaan we doen, mannen? Als de soldaten de volgende keer ons dorp binnenmarcheren, zijn we dan als een slang die bijt als je erop trapt of als een schildpad die zich verbergt in zijn schild in de hoop dat niemand hem plet?'

De spreker pauzeerde. Hij wist dat de Galileeërs bang waren. Ook al was hij niet langer dan zijn toehoorders, hij stond rechtop, terwijl zij voorovergebogen stonden als honden die wachten om geslagen te worden. Hij stampte met zijn voet en het licht van de lantaarn gaf het opstuivende kaf een gouden glans.

'Jullie hebben allemaal van me gehoord,' zei hij. 'Ik ben Simon, de zoon van Judas de Galileeër. Wat betekent dat voor jullie?'

'Dat betekent dat je een moordenaar bent,' riep een stem vanuit de schaduw. De graanschuur was donker op een enkele afgeschermde lamp na. De Romeinen betaalden hun informanten goed en opstandelingen die in het geheim bijeenkwamen konden de doodstraf verwachten.

'Moordenaar?' schamperde Simon. 'Ik verricht een rechtvaardig offer.'

'Je vermoordt priesters,' zei dezelfde stem.

Simon tuurde in het donker om beter te kunnen zien. Amper een op de tien mannen die het lef hadden om naar een geheime bijeenkomst te komen, sloot zich aan bij de opstandelingen. Met deze nachtelijke groep die samenschoolde in een verlaten graanschuur aan de rand van

Nazaret was het niet anders. De zeloot verhief zijn stem.

'Moord is tegen de wetten van God. Wij elimineren verraders. Wie samenspant met Rome is een vijand van de joden. Een vijand van de joden is een vijand van God. Ontken je dat?'

Dit keer gaf niemand antwoord. Simon verachtte hun angst, maar hij had hen nodig. Zijn toehoorders waren gereserveerde dorpelingen die de hongersnood als een spookbeeld voor ogen hadden. Vier op de tien kinderen stierven voor hun vijfde jaar. Gezinnen probeerden een schaars bestaan op te bouwen in de heuvels tussen de kromme olijfbomen en de verdorde korenvelden. Een ander leven kenden ze niet.

De man die Simon een moordenaar had genoemd was niet Jezus, maar Jezus was wel aanwezig. Hij stond naast zijn broer Jacobus, die zich graag bij de rebellen wilde aansluiten. Ze hadden de hele ochtend gepraat over het bijwonen van de bijeenkomst.

'Kom gewoon en luister,' had Jacobus gepleit. 'Je hoeft helemaal niets te doen.'

Waarop Jezus antwoordde: 'Naar een bijeenkomst gaan is ook iets doen.'

Dat klopte voor zover het de Romeinen betrof. Maar toen Jacobus dreigde om alleen te gaan, was het Jezus' plicht als oudere broer om hem te vergezellen. Zo laat in de avond was de stenen graanschuur koud en het rook er naar stro en rattennesten.

Simon hief verzoenend zijn handen op. 'Ik weet dat jullie in vrede willen leven terwijl ik jullie een zwaard breng. Het zwaard van mijn vader Judas. Jullie noemen ons de messentrekkers? Messen zijn slechts het begin.'

Met een dramatisch gebaar trok hij een soldatenzwaard onder zijn mantel vandaan. Simon hoorde hoe zijn toehoorders hun adem inhielden. Zelfs in het schijnsel van de afgeschermde lantaarn kon iedereen zien dat het Romeins ijzer was. Hij hield het omhoog.

'Zijn we zo bang dat we het al in onze broek doen bij het zien van een wapen van de vijand? Dit is niet het zwaard van een soldaat die het per ongeluk liet vallen. Het is niet vergeten in de kroeg na een slemppartij. Dit zwaard is veroverd in een gevecht van man tot man. Door een van ons... door een jood.'

Hij stapte naar voren, naar de man die het dichtst bij hem stond. 'Ga je gang, raak het maar aan, ruik er maar aan. Het bloed van de vijand zit er nog op.' Hij verhief zijn stem en staarde naar de mannen in de ruimte. 'Laat iedereen het aanraken.'

Jezus pakte zijn broer bij de arm. 'Laten we gaan.'

'Nee,' fluisterde Jacobus fel. Geen van hen had ooit een zwaard aangeraakt. Het enige ijzer dat zij kenden was van een ploeg, een bijl of een beitel. Het zwaard kwam steeds dichterbij.

'Als je het nu aanraakt, kun je die aanraking dan ooit nog ongedaan maken?' vroeg Jezus. Hij was twintig, en al vijf jaar volwassen, maar zijn broers luisterden niet naar hem.

Simon keek tevreden toe hoe het zwaard rondging. Een Romeins zwaard was zijn sterkste argument. Ruwe handen konden vatten wat eenvoudige geesten niet konden begrijpen. Maar hij had niet de waarheid gesproken. Het zwaard was wel degelijk achtergelaten in een taveerne in Damascus en was verkocht aan het verzet. Om de zoveel dagen smeerde hij het zwaard in met het bloed van een konijn dat hij had gevangen voor zijn avondmaal. Hij moest deze mensen toch iets vertellen om ze wakker te schudden. Ze zouden de aanblik van het veroverde zwaard met vijandelijk bloed onthouden, of ze nu wegrenden of besloten zich aan te melden.

Jezus was een van degenen die dat beeld onthouden had en hij had de details van deze nacht gekozen om zijn verhaal mee te beginnen.

Hij stond nerveus achter in de groep. Hij was niet bang om daar met een opstandeling te zijn, maar hij wilde dat zijn opvliegende jongere broer Jacobus wel bang was, voor zijn eigen bestwil.

Het zwaard bereikte hen en Jacobus gaf het aan Jezus. 'Hier, pak beet,' fluisterde hij. Het lemmet was zwaarder dan het eruitzag. Het was kort en stomp, het wapen van een gewone soldaat.

Jezus had van kinds af aan gestolen dolken gezien en soms een Romeinse schede of helm. Wie de bezetters beroofde kon rekenen op respect van de andere jongens. Hij vermoedde dat dit zwaard ook geroofd was en niet gewonnen in een of andere strijd.

'Breng het hier,' beval Simon.

Jezus was zich niet bewust geweest dat hij de laatste in de rij was. Hij probeerde het zwaard aan te reiken over het hoofd van de boer voor hem.

'Nee, ik wil dat jij het brengt,' zei de Zeloot.

Jezus deed wat hem gevraagd was, de blik naar beneden gericht.

Deze poging om er onopvallend uit te zien mislukte. 'Ik wil jullie zien nadat iedereen verdwenen is,' fluisterde Simon zachtjes, terwijl hij Jezus strak aankeek.

Niemand kon horen wat hij zei en Jacobus kon nauwelijks wachten om erachter te komen. Maar Jezus weigerde zijn nieuwsgierigheid te bevredigen. De groep ging uiteen en Simon blokkeerde de enige uitgang van de graanschuur. Zijn gedrongen en krachtige lichaam was als een rotsblok waar je niet omheen kon.

'Ik ken jullie,' zei Simon. 'Jullie zijn zonen van David.' Dit soort overdreven vleierij werkte bij eenvoudige boeren.

Maar Jezus diende hem van repliek: 'Koningszonen komen niet in het geheim bijeen in een schuur. Waarom koos je ons uit?'

'Omdat ik ogen in mijn kop heb. Die anderen zijn alleen joods in naam, maar jullie niet.'

'Je ziet maar wat je wilt zien,' zei Jezus. Hij was zich ervan bewust dat zijn jongere broer zich steeds meer opwond en bozer werd.

Jacobus barstte uit: 'Elke dag sterven er mensen in het dorp. Waarom doen de rebellen daar niets aan?'

'Waaraan gaan ze dood?' vroeg Simon.

'De Romeinen zuigen ons uit met hun belastingen, terwijl we al nauwelijks eten voor onszelf hebben.'

Simon glimlachte. Een opening. Dit soort momenten rechtvaardigden zijn harde en geheime leven. De rebellen zwierven altijd rond in het bezette gebied van Palestina en ze sliepen in schuren of achter hooibergen. Zeloten werden zelden uitgenodigd om te overnachten bij een boer omdat die het risico liep dat zijn huis tot de grond toe zou worden afgebrand.

Simon zei: 'Je stelt goede vragen. Mijn vader kan je de antwoorden geven. Zou je hem willen ontmoeten? Ik kan jullie vannacht naar hem toe brengen.'

Jacobus wilde het aanbod meteen met beide handen aangrijpen.

Judas de Galileeër, de vader van Simon, was de spil van de opstand. Hij kwam uit Gamala, een dorpje niet groter dan Nazaret met op zijn hoogst vijfhonderd inwoners, en hij was behaard als een zwarte beer. Jacobus had al sinds zijn geboorte gezien hoe de zeloten als geesten uit de grond oprezen, zelfs binnen de tempel van Jeruzalem. Maar het waren geen geesten. Ze waren ontsproten aan het brein van Judas en ze deden wat hij van hen vroeg.

Simon zag hoe de ogen van de jongeman nerveus naar zijn oudere, onbewogen broer keken. 'Judas is de grootste man onder de levenden, de opvolger van de profeten,' pochte Jacobus.

De oudere broer reageerde: 'Hebben we dan nog een onheilsprofeet nodig? Die bron droogt niet op, maar stroomt elke generatie weer over.'

'Kijk om je heen. De joden ondervinden hun ondergang al, ze hebben geen profeet nodig om hun dat te vertellen,' zei Simon. 'Wat ze nodig hebben is iemand die hun de vrijheid kan geven, een heiland, een redder – mijn vader. Tenzij je nog steeds droomt van de messias die altijd morgen komt.'

De oudere broer was koppig. 'Je noemt je vader onze heiland, onze redder. Welke redder gebruikt vernietiging om vernietiging te beëindigen?' vroeg hij.

Jezus hoefde niet uit te leggen wat hij bedoelde. De zeloten hadden hun terreurcampagne onlangs verhevigd. Hun 'messentrekkers' hadden in Jeruzalem al verschillende hogepriesters vermoord en nu dreigden ze iedere jood te vermoorden die samenwerkte met de Romeinen, tot de armste boer aan toe.

Simon hief zijn handen. 'Ik ga niet met jullie in discussie. Kom zelf kijken. Mijn vader is verborgen op een plek waar de bezetters hem nooit kunnen vinden. Zijn schuilplaats is veiliger dan deze plek.'

Hij voelde dat de jongere broer aarzelde, maar die was pas vijftien. De oudste zou pas een goede aanwinst zijn als hij hem kon overhalen.

Jezus aarzelde. Hij wist dat Jacobus het hem nooit zou vergeven als hij de uitnodiging weigerde. De zeloten hadden de gemeenschap hevig gespleten. Voor elke jood die hen zag als genadeloze moordenaars was wel een andere jood te vinden die hen zag als de helden die vochten tegen de bezetter. Jacobus neigde naar het tweede kamp en hij zou waarschijnlijk weglopen en zich bij hen aansluiten als Jezus hem in de weg zou staan. En dan was er ook nog de wet. De wet van Mozes verbood niet om de vijand te doden. Het gebod om niet te doden moest nageleefd worden behalve als het aankwam op overleven. En stonden de joden niet op de rand van uitroeiing?

Het waren geen overtuigende argumenten om het hoofd van de rebellen te ontmoeten. Jezus voelde zich innerlijk verscheurd. Hij kon zijn broer niet in de steek laten, maar het gevaar tegemoet treden was net zo erg. Toen uitte hij zijn moeilijkste zin ooit.

'Ik ben Jezus en dit is mijn broer Jacobus. Neem ons mee waar je ons wilt brengen.'

JEZUS WIST NIET waar ze Judas de Galileeër hadden verborgen, maar toen Simon hen hoog de heuvels in leidde via nauwe paadjes die nauwelijks te zien waren in het onbestemde maanlicht, was hij niet verbaasd. Joden rebelleerden al enkele generaties lang en daarvoor hadden de onbegaanbare heuvels een schuilplaats geboden aan smokkelaars met hun wijnvoorraden uit Cyprus, verf uit Tyrus en andere goederen waar de Romeinen een buitensporig hoge belasting op hieven. Terwijl ze liepen rook Jezus de harsachtige bomen. Zijn oren waren scherp genoeg om te horen hoe gejaagde voeten gealarmeerd halt hielden toen de drie mannen passeerden. Los puin maakte het lastig te lopen. Jacobus verloor steeds zijn evenwicht en Jezus moest hem elke keer opvangen.

Simon keek af en toe achterom. 'Gaat alles goed daar?'

Jacobus knikte. Hij wilde zich groot houden en vroeg hun niet om langzamer te lopen.

Simon was zo zeker van zijn weg, dat Jezus begreep dat hij en Jacobus naar een permanente schuilplaats werden geleid en niet naar een tijdelijk onderkomen. Dat betekende een grot, want de Romeinen konden elk bovengronds bouwsel opsporen. Met een uitgebreid netwerk van spionnen en soldaten konden ze opstanden bestrijden. Maar de grotten waren een andere kwestie; in de heuvels zijn er ontelbare en ook nog eens ondergronds.

Jezus vroeg zich af of hij wellicht langs een dergelijke grot was gelopen op een van zijn zwerftochten, zonder te ontdekken wat het was. In Nazaret, het dorp waar hij vandaan kwam, woonden twee soorten mensen; de mensen van de bergen en de mensen van de wegen. Dat wil zeggen: de mensen die thuis bleven en de mensen die reisden. Wie graan plantte, olijfbomen hield of schapen hoedde was altijd in de bergen. (Reizigers die de besneeuwde toppen van Libanon hadden gezien, keken neer op de 'bergen' van Galilea. Ze beschouwden ze eerder als heuvels, maar ze waren wel degelijk hoog en koud in de winter.) Sinds Adam en Eva met tranen en weeklagen uit het paradijs waren verdreven, moest de mens werken in het zweet des aanschijns. God had dit geëist als boetedoening. De mensen van de weg vormden een kleine minderheid. Ze liepen van stad tot stad en namen al het werk aan dat ze konden krijgen. De reizende *tektons* waren al blij als ze na een halve dag reizen voor vier uur werk konden vinden, tenzij de Romeinen ergens buiten de stad Sepforis een villa bouwden. Zo'n gigantische onderneming was goed was voor maanden werk. Toen hij zeven was, had Jezus voor het eerst gehoord dat ze zijn vader een *tekton* noemden. Jozef had hem meegenomen op een reis en een dikke, gedrongen handelaar uit Macedonië had dit woord gebruikt toen hij op een kapot wagenwiel wees. De man had een kort bevel gegeven en was toen weggelopen. Jozef begon geduldig het verwrongen ijzer dat rond de as was gedraaid te repareren.

'Waarom vindt die man je niet aardig?' vroeg Jezus. Hij had het woord *tekton* – Grieks voor 'handwerker' – opgevat als een belediging, omdat Romeinen op dezelfde honende manier spraken over *Judacus* als ze een jood bedoelden. (De Romeinen konden of wilden het Hebreeuwse woord *Yehoedi* niet juist uitspreken als ze over de joden spraken.) Jozef vroeg of zijn zoontje het wiel goed wilde vasthouden.

'Je laat het wiel toch niet vallen, zodat we allebei omkomen?' zei hij.

Jezus schudde nee en hield zijn lichaam stram tot zijn knieën het leken te begeven. Toen deed Jozef wat vaders altijd doen als hun zonen op een bepaalde leeftijd zijn gekomen. Hij vertelde hoe de wereld in elkaar zat en wat hun plaats daarin was.

'Ik ben een handwerkman en jij bent het nu ook. De ene dag leggen we een vloer van steen, herstellen we een omgevallen muur of zagen we hout voor balken. De andere dag lopen we naar een volgende plek waar we nodig zijn. Als we willen eten, leren we hoe we een lemen vloer kunnen maken, een schaapskooi kunnen bouwen van stenen die er al liggen, of een dakbalk kunnen opmeten. God heeft ons geen gemakkelijk leven gegeven, maar hij gaf ons de wijde wereld om naar te kijken terwijl we naar onze volgende opdracht lopen.'

Jezus luisterde en knikte. Zo lang als hij zich kon herinneren had hij gezien hoe zijn geduldige vader met zijn gebruinde armen allerlei klusjes had opgeknapt. Jozef stond voor dag en dauw op en verliet het huis in zijn opgelapte jas en leren voorschoot en hij kwam pas weer thuis als het werk klaar was. Alle handwerklieden leefden zo en de verhalen waarmee ze thuiskwamen vormden het enige beeld van de wereld dat de Nazareners hadden naast de verhalen van Mozes en Abraham en zijn afstammelingen uit de Tenach, de heilige schrift.

Jezus zou verbijsterd moeten zijn door de kromme, maanverlichte rotspaadjes die in de heuvels waren gegrift als het schrift van een seniele klerk. Hij kwam immers uit een gezin van mensen die veel reisden. Maar Jezus was een uitzondering. Hij was thuis in de heuvels én op de weg. Jacobus daarentegen was nog nooit zo hoog geklommen. Hij hapte naar adem en keek af en toe nerveus omhoog of een wolk de maan zou verduisteren waardoor het gitzwart zou worden in de struiken. Jezus hoorde een nachtgeluid, het gefladder van vleermuisvleugels vlak boven hem.

'Iets verderop is een schaapskooi in een grote grot,' zei hij.

Zonder om te kijken knikte Simon. Tijdens de graasperiode was het gebruikelijk om een stenen muurtje te bouwen voor de ingang van een grot zodat de schapen 's nachts opgesloten konden worden. Jezus hoorde het nerveuze geluid van schapen die over wolven dromen. Even later was de grot in zicht. Het pad leidde rechtstreeks naar de opening van een grote grot waar de sintels van een vuur oranje oplichtten in de duisternis.

Simon keek over zijn schouder en gaf de twee broers een seintje om stil te zijn. Jezus en hijzelf waren gewend aan de bergen en konden onhoorbaar over de twijgjes en bosjes lopen, maar Jacobus kon dat niet. Hoewel hij slechts af en toe op een twijgje trapte, was het geluid hard genoeg om een half slapende herder wakker te maken.

'Snel,' siste Simon.

Als Simon bang was voor de herders dan was de schaapskooi geen dekmantel. De winter was in aantocht en het einde van het weideseizoen kwam in zicht. De herders waren gehuld in dikke dekens tegen de kou, maar ook tegen het geluid van de indringers.

'Hierin,' fluisterde Simon

Eerst was er helemaal geen 'hier' te zien, maar toen zag Jezus onder het dikke struikgewas een tweede ingang naar de grot. De opening was nauwelijks kniehoog, een zwart gat dat bijna niet afstak in de duisternis van de nacht. De broers volgden het voorbeeld van Simon. Ze drukten zich bijna plat op de grond om door de opening heen te kruipen. Ze kropen een kleine vijftig meter over een lemen vloer, al was dat wellicht de illusie van de nauwe ruimte, de duisternis en gespannen zenuwen die hun parten speelde. In werkelijkheid was de kruipruimte maar twintig meter en al snel konden ze gebukt verderlopen. Het was een pijnlijke manier van lopen en Jezus wist dat het gezicht van Jacobus vertrokken moest zijn van de pijn. Toen zagen ze het licht van een lantaarn en hoorden ze een nieuw en vreemd geluid – een gezongen gebed.

Gebeden in de grot van een bandiet?

De tunnel werd nog breder en Jezus zag een aantal joodse mannen in een kring zitten. Hun hoofden waren bedekt met handgeweven sjaals en ze bewogen op en neer. De figuren zagen er spookachtig uit in het vage flikkerende licht van de fakkels. De stenen muren bewogen als water in dit licht.

Simon ving de vragende blik van Jezus op. 'Het is niet de verplichte tijd voor het gebed,' zei hij, 'maar er is geen wet die bidden verbiedt, zeker niet als er behoefte is aan God. En wij hebben voortdurend behoefte aan Hem.'

Geen van de jongemannen keek hun kant uit toen ze dichterbij kwamen. Jacobus porde Jezus in zijn zij en wees op een oude man in de kring. Judas de Zeloot – hij moest het wel zijn – knikte naar zijn zoon.

De vader was mager. Hij had een havikachtig gezicht en dezelfde felle wenkbrauwen als zijn zoon. Hij zat op een ruw kleed van kamelenhaar en aan niets kon je zien dat hij een hooggeplaatst persoon was. Deze puurheid toonde hoe taai de man was. Hij vroeg Simon niets en daaruit maakte Jezus op dat de rebellenhoofdman zijn zoon volledig vertrouwde. Uit het feit dan zijn zoon vooruitsnelde en aan de voeten van Judas knielde, maakte Jezus op dat Judas vereerd werd.

'Kom,' wenkte Judas en de twee broers kwamen dichterbij. Jacobus boog diep voorover op de stenen vloer. Jezus bleef staan. Judas keek hem onderzoekend aan.

'Waarom ben je niet dood?' vroeg hij opeens.

Jezus voelde aan dat het een strikvraag was, maar toch gaf hij antwoord: 'Omdat niemand me wil doden.'

Judas gromde. Hij raakte het hoofd van Jacobus aan, zodat deze zich weer oprichtte en gebaarde de drie mannen om naast hem te gaan zitten. De kring jongemannen bleef bidden en bewegen. Judas leek ongeduldig.

'Je antwoord is of stompzinnig of heel erg slim. Voor beide heb ik geen tijd. Wat ik je leer moet je snel oppikken of helemaal niet. Begrepen?'

Hij ging verder zonder een antwoord af te wachten. 'Waarom zijn wij nog in leven? Wat maakte het mogelijk dat de joden, een verdoemd volk dat door de ene verovering na de andere uitgedund is, nog steeds voortbestaat?'

'We vechten terug. Wij zijn bereid te sterven,' flapte Jacobus eruit.

Judas kneep zijn ogen samen. 'Denk na voor je iets zegt. Als je tegen een overmacht vecht, is terugvechten de beste manier om gedood te worden. Joden zijn al sinds Abraham generatie na generatie een gemakkelijke prooi, maar God beloont ons rijkelijk voor ons geloof. We hadden al lang geleden uitgeroeid kunnen zijn, met fakkels van het veld gebrand als krekels. Maar dat zijn we niet.'

Hij wendde zich tot Jezus. 'Geef me hoop. Kun *jij* denken?'

'Alleen wanneer het nodig is,' zei Jezus.

Dit was een antwoord dat Judas wel zinde, meer een duel met lichte zwaarden dan een echt antwoord.

'Joden', zei Judas, 'hebben altijd moeten nadenken. Zeg me nu on- omwonden, waarom ben je niet dood?'

Jezus zweeg en hield zijn beide handen voor zijn gezicht en opende ze met de palmen naar boven.

Judas barstte in lachen uit. 'Zie je wel!' riep hij naar Simon. 'Je moet ze niet allemaal stommelingen noemen. Deze is slim.' Hij wendde zich weer tot Jezus en zei: 'Je hebt gelijk. Je handen laten een boek zien en zo hebben de joden alles overleefd. Door de Schrift.'

Zonder enige moeite had Judas heel snel hun aandacht weten te pakken, duidelijk iets waar hij een meester in was. Als hij met zijn ge- looide en verweerde uiterlijk met felle ogen iemand uitdaagde, paste hij in het plaatje van de rebellenleider. Zijn baard was niet geknipt en werd in tweeën gedeeld door een strook grijs haar.

'Mijn broer had ook gelijk,' zei Jezus. 'Ons volk heeft ook gevochten om te overleven. Niet iedereen stierf.'

'Als de Schrift ons toestond om te blijven leven, wat maakt ons dan nu kapot?' vroeg Judas.

Jacobus antwoordde meteen: 'De wet niet volgen.'

Jezus greep Jacobus bij de kraag van zijn ruwe wollen mantel.

'Laten we gaan.'

'Nee! Waarom?'

Jezus voelde de ogen van Judas op zich gericht in afwachting van zijn volgende zet.

De jongemannen in de kring waren geen geleerden. Ieder was ge- wapend met een mes onder zijn gebedssjaal, vastgebonden op de borst. Ieder was een *kanai*, iemand die boos is omwille van God. Als Jezus zich niet zou aanmelden, zouden ze niet aarzelen hem te doden.

'Ik weet waarom je ons hier hebt gebracht,' zei hij tegen Judas.

'Om je te onderrichten,' zei de zeloot. Zijn toon was niet zo fel meer, maar zijn haviksogen bleven hem strak aankijken.

'Nee, als dreigement. We weten nu waar jij je schuilhoudt. We zul- len dit geheim moeten houden, tenzij we vermoord willen worden.'

Het gezicht van Judas vertrok in een vlaag van woede. De gebeds- kring werd onheilspellend stil. Als Judas iemand niet kon rekruteren, dan was die persoon in zijn ogen een vijand. Neutraal bestond niet in

Judea, nu niet en waarschijnlijk nooit. Maar Judas had nooit kunnen overleven als hij niet in staat was geweest de gedachten van mensen te lezen en hij wist dat deze man zich niet tegen hem zou keren. Hij zou zelfs inzetbaar kunnen zijn, met de juiste behandeling.

Simon was verbaasd toen zijn vader niets zei, maar zijn hoofd boog en aan zijn witte gebedssjaal plukte. Geen knikje kon eraf om de twee broers weg te sturen. Maar de zoon wist dat zijn vader een goede reden had en zonder een opdracht af te wachten leidde hij Jezus en Jacobus de grot uit.

Toen de broers weer in de buurt van de schaapskooi kwamen, vroeg Jezus Jacobus om zijn sandalen uit te doen. De voetzolen van zijn jongere broer waren gehard door het lopen en blootsvoets zou hij minder lawaai maken. De voorzorgsmaatregelen werkten in het begin. Ze konden de slapende herders horen snurken in de dunne berglucht. Hun vuur was helemaal uitgegaan. Maar een paar honderd meter verder verstijfde Jezus.

'Daar was ik al bang voor,' zei hij.

'Wat?' vroeg Jacobus, die niets vreemds had gehoord.

'Ze volgen ons.'

Jezus keek naar de lucht. De maan was er nog, maar kleine wolken dreven er snel aan voorbij. Van het pad af gaan was te riskant. Hij zag dat Jacobus wilde wegrennen en hield hem tegen.

'We kunnen beter wachten,' zei hij. Degenen die Judas achter hen aan had gestuurd, kenden het gebied beter dan zij.

De achtervolgers – twee jongemannen met getrokken messen – waren muisstil en overrompelden hen. Ze kwamen niet van achter, maar van voren. Jezus hield Jacobus nog altijd bij de arm en hij voelde hoe diens spieren onder zijn huid trilden.

De grootste van de twee sprak: 'We zullen jullie niet doden. Laat je wapens zien als je die hebt.'

'Die hebben we niet,' zei Jezus.

De leider knikte. 'Steek je armen uit. We moeten je een snee geven.

Jezus wist waarom. De rebellen wilden hen merken zodat ze later te herkennen waren. Ze konden de merktekens ook gebruiken om hen aan de Romeinen te verraden, ingeval de jacht op sympathisanten van de zeloten geopend werd. 'Nee,' zei hij, 'laat ons gaan.'

De twee rebellen keken elkaar aan en begonnen te lachen. 'Het is geen verzoek, jongen,' zei de oudste, nauwelijks een paar jaar ouder dan Jezus. 'Ontbloot je arm. Nu!'

Al was het donker, Jezus kon zien hoe de ogen van zijn broer groot werden van angst toen het mes hen naderde. Jacobus rukte zich los en ging ervandoor.

'Pak hem!' riep de leider.

Daar had de tweede man geen enkele moeite mee, want Jacobus struikelde en viel bijna op zijn gezicht nog voor hij tien meter had gelopen. De zeloot sprong boven op hem. Na een korte worsteling drukte de belager het mes op de strot van Jacobus en maakte er een kleine snee mee. De dunne streep bloed zag er in het maanlicht donker uit. Jacobus gilde van de pijn. Hij wist dat de fatale steek snel zou komen.

'Stop!'

De belager keek op. De kreet kwam niet van Jezus maar van een stem uit de duisternis. Er was een lichte aarzeling en toen kwam de gestalte van een derde zeloot uit de schaduw tevoorschijn.

'Wie heeft je gezegd de schuilplaats te verlaten?' vroeg hij op barse toon. De man was ouder en langer dan de twee anderen en had blijkbaar gezag over hen. Hij keek dreigend en de twee lieten meteen hun mes zakken.

'Maak dat je wegkomt!'

Even heimelijk als ze waren gekomen, verdwenen de twee moordenaars weer in het bos. Jezus hoorde wat gehaaste voetstappen en daarna was alles weer stil. Hij boog zich over Jacobus die trilde van de angst.

'Probeer niet om nu al op te staan. Hier, houd je stil.' Jezus scheurde een stuk linnen van zijn lange ondergewaad en bond het om de bloedende keel van zijn broer.

'Het is maar een schrammetje,' zei de derde zeloot na een terloopse blik op de wond. 'Ze hadden geen tijd het merkteken af te maken.'

Jezus knikte. Deze wond kon ook gemaakt zijn door een uitgeschoten priem of beitel. Eenmaal geheeld, zou het litteken niet verraden dat er contact was geweest met de rebellen. Maar Jacobus zou nooit vergeten hoe hij het gekregen had.

Jezus hielp hem overeind.

Zachtjes zei hij: 'Als je je bij hen aansluit, is het elke dag zo.'

Het was moeilijk voor Jacobus om dit nu te horen en dat was precies waarom Jezus het zei. Hij moest door de illusie breken die zijn broer koesterde over vechten.

Tot hun verrassing was de zeloot het met hen eens.

'Hij heeft gelijk. Laat het zitten. Volgend jaar hebben we ook vechters nodig en over vijf jaar ook nog.' Hij sprak op een toon die erop wees dat hij wist waar hij het over had.

Toen Jacobus weer wankel op zijn voeten stond, bood de lange zeloot hem een schouder aan als steun. Jezus liet hem met tegenzin voorgaan op het pad. De wolken waren samengepakt tot een dik wolkendek, en de maan was verdwenen. De zeloot zei weinig tot ze de lichten van Nazaret zagen. Het was niet meer dan wat druipende kaarsen die voor een paar ramen de wacht hielden.

'We hebben geen goede indruk achtergelaten. Misschien nog wel erger dan je verwachtte. Is het niet?'

Jezus antwoordde niet. 'Houd één ding voor ogen,' zei de rebel. 'Je hebt meer met ons gemeen dan met hen, hoe slecht onze reputatie ook is. Wil je daar over nadenken?'

'Ik heb mijn eigen gedachten,' zei Jezus laconiek. Onderweg had hij zich afgevraagd of de hele overval niet in scène was gezet. Op die manier zouden ze hun redder, met zijn sluwe praatjes, eerder vertrouwen.

De lange zeloot blokkeerde de weg. Hij zag er indrukwekkend uit, zelfs als silhouet in het donker. Met zijn lange ongeschoren lokken zag hij eruit als een Filistijnse soldaat die was teruggekeerd van de kwellingen van de hel.

'Waar denk je aan, broeder?' vroeg hij Jezus.

'Ik denk dat Judas heel slim is. Misschien wel slim genoeg om een hinderlaag in scène te zetten, compleet met iemand die ons op het laatste moment redt.'

De zeloot gromde. 'Jij bent me er ook een.'

De nacht kon zijn verbaasde blik niet verbergen. Hij sprak Jezus niet tegen en nu wisten ze dat hun 'redder' ook iemand was die rekruteerde.

Na een halfuurtje kwamen ze aan bij de hoofdweg. Jacobus was weer wat op krachten gekomen en had geen ondersteuning meer nodig. De lange zeloot tikte Jezus op de schouder.

'Het was een idee van Simon. Vertrouw hem niet te veel, mocht je nog eens terugkomen.'

Hij wendde zich tot Jacobus. 'Ik meende het toen ik zei dat we volgend jaar strijders nodig hebben. De strijd zal alleen maar heviger worden.'

Jacobus haastte zich weg en keek niet om.

'Ik heb je probleem opgelost,' zei de zeloot tegen Jezus, die was achtergebleven.

'Ja, hij zal niet zo snel meer in de verleiding komen.'

'Alleen het kwaad verleidt,' zei de zeloot, 'en dat zijn wij niet.'

'Hoe noem je het dan wat je doet?' Jezus liep alweer verder, om zijn broer in te halen.

De zeloot liep even met hem mee.

'Ik noem het redding,' zei hij. 'Hoe dan ook, ik zal ze van je weghouden. En als je in de problemen komt, hoef je enkel mijn naam te noemen. Iedereen kent me. Ik ben Judas. De andere Judas.'

Jezus was al zo ver weg dat hij de woorden nauwelijks kon horen. De andere Judas was niet meer te zien in het donker, zelfs niet als silhouet.

3

God op het dak

Jezus werd wakker van de gevaarlijkste lucht die Nazaret kende: rook. Hij sprong uit zijn bed en rende naar buiten, terwijl hij zijn onderkleed en jas aantrok. Dit was niet de warme geur van het brood dat zijn moeder bakte in de oven. Deze geur was venijnig en scherp, de geur van rampspoed.

Jezus zag een zwarte roompluim van het dak af komen. Hij wilde juist alarm slaan, toen hij een ladder tegen de muur zag staan. Hij klom omhoog en toen zijn hoofd boven de dakrand kwam, zag hij Izaäk. De dorpsblinde zat gehurkt naast een klein vuurtje van naaldhout dat hij op het vlakke lemen dak had aangestoken. In een hand hield hij een mes, in de andere een konijntje, trillend van angst.

'Doe het niet.'

De blinde man hoorde de stem van Jezus en keerde zich om. 'Je hebt een offer nodig,' zei hij op besliste toon. Hij hield het konijntje omhoog. 'Een van mijn zonen heeft het vanochtend gevangen.' De vrouw van Izaäk zorgde goed voor hem en al was hij blind, zijn onderkleed was schoon en zijn baard lang, maar netjes, als die van een patriarch.

'Wat ik nodig heb, is dat het huis niet afbrandt,' zei Jezus terwijl hij op het dak klom en naar het geïmproviseerde altaartje van twijgjes en takjes liep.

Niemand wist wat er aan de hand was met Izaäk. Hij was van het ene op het andere moment blind geworden. Dit was een ramp voor zijn vrouw en twee zonen, want die waren nog niet oud genoeg om op pad te gaan. Ze hoedden een handjevol schapen terwijl hun vader thuisbleef.

Jezus probeerde het konijntje te pakken, maar Izaäk stribbelde tegen. 'Je brengt dit huisgezin in problemen. Ik weet waar je naartoe bent geweest. Ik weet wie je gezien hebt.'

Jezus aarzelde. Een offer was de gebruikelijke manier om met het ongenoegen van God om te gaan en sinds hij blind was, was Izaäk geobsedeerd door God. Met zijn blindheid was ook een gave gekomen: helderziendheid. Althans, dat geloofde men.

'Laten we eerst praten,' zei Jezus. Hij ging naast Izaäk zitten, die hem met tegenzin het trillende diertje gaf. Jezus schopte de brandende takjes en twijgjes uit. 'Misschien had God een ander plan en hebben de zeloten gelijk. Misschien komen we allen om als we niet vechten.'

'God is altijd iets van plan,' zei Izaäk. 'Iets mysterieus, zoals mensen uitkiezen maar ze vervolgens geen kracht geven. Wie heeft daar ooit een antwoord op gevonden?' Zijn stem werd ernstiger. 'En dan jij. Je hebt de gave bijna. Bijna kan erger zijn dan helemaal niet.'

Jezus wist dat de mensen dit over hem zeiden en dat ze dachten dat hij net als Izaäk was, alleen zonder het excuus van blindheid.

'Wat zie je?' vroeg Izaäk. 'Er is iets gebeurd. Als ik het kan voelen, kan jij het zeker.'

Jezus wilde geen antwoord geven. Hij en Jacobus waren na middernacht stilletjes thuisgekomen. Niemand was wakker geworden, ook al sliep het hele gezin in één kamer. De twee broers kropen in het bed dat ze deelden, een wollen matras met stro dat op de grond lag. Jacobus was uitgeput van de angst en viel meteen in slaap. Jezus kon niet slapen. Hij staarde door het kleine raampje dat was uitgehakt in de muur van het stenen huis naar de sterren.

Dezelfde angstaanjagende gedachte bleef hem achtervolgen. Judas – de andere Judas – kon hem niet beschermen. Als de Romeinen sympathisanten wilden opsporen, kon niemand hen tegenhouden. Je moest stil en onzichtbaar zijn. Dat was niet zo moeilijk. Daarin hadden ze zat ervaring – al eeuwenlang.

'Laten we naar beneden gaan,' zei hij tegen Izaäk. 'We kunnen samen eten.' Zijn moeder was niet thuis toen de rook hem wakker maakte. Ze was waarschijnlijk naar het waterbekken om water te halen, maar Maria zou vast wel een ontbijt voor hem hebben achtergelaten van plat brood en gekneusde olijven.

Izaäk schudde zijn hoofd. 'Nee, ik blijf boven. God is hier.'

Jezus glimlachte. Waar hij ook was, de blinde man zei altijd 'God is hier'. De meeste mensen vonden het vervelend, maar Jezus was een van de weinigen die er belang in stelde.

'Vertel me, rabbi,' zei hij en hij gebruikte het woord als een compliment, niet om Izaäk te plagen, 'hoe is God hier?'

Izaäk hield zijn handen op. 'Ik voel de warmte, een gloed achter mijn ogen. Is dat niet God?'

Het had geen zin om tegen te werpen – zoals ieder ander zou doen – dat dit niet God was, maar de zon. Izaäk zou alleen maar glimlachen en zeggen: 'Inderdaad, en de zon is ook God, nietwaar?'

Jezus keek hoe het laatste sliertje rook van het verspreide altaartje verdween. Hij liet het konijn los zodat het vrij kon rondlopen over het dak. Het verdween al snel via de ladder. Hij zei: 'Waarom zijn we niet dood?' Dezelfde vraag die Judas de Galileeër hem had gesteld in de grot. 'Is het de Schrift?'

Izaäk haalde zijn schouders op. 'Als je op een mierenhoop stampt en er olie op gooit om de mieren uit te branden, dood je de meeste. Maar er zullen er altijd een paar ontsnappen. De joden zijn net zo.'

'Denk je dat de joden alleen maar mieren zijn?'

'Nee, er is wel een verschil. Degenen die wegrennen denken dat God meer van hen houdt dan van de anderen.'

Jezus lachte wrang. 'Dat is onze vloek, nietwaar?'

Ze wisten beiden wat hij bedoelde. Je zorgen maken over de onnavolgbare wegen van God was een zeer subtiele vervloeking. Een volk dat zo ontegenzeggelijk onbelangrijk was, was verliefd op het lot. Voor een jood kon niets toeval zijn, alles een teken. Een spreeuw kon niet van het dak vallen zonder dat iemand vroeg of dit de wil van God was.

Maar Jezus was ergens anders met zijn gedachten. Omdat hij bang was dat het huis zou afbranden, had hij iets over het hoofd gezien. Hij was alleen wakker geworden. Zijn moeder was waarschijnlijk water gaan halen en zijn vader was vast op zoek naar werk, maar waar waren zijn jongere broers en zusters?

'Kom,' zei hij, 'we moeten mijn familie vinden.' Het was niet nodig Izaäk bij de hand te nemen. Hij kon de ladder sneller af klimmen dan Jezus.

'Ik had het je moeten zeggen,' zei Izaäk. 'Iedereen is weggevlucht.'

'Waarom heeft niemand mij wakker gemaakt?' vroeg Jezus bezorgd. Het hele dorp ging alleen maar op de vlucht als een garnizoen soldaten op weg was naar Nazaret. Jongetjes stonden langs de kant van de weg op de uitkijk en renden naar het dorp om de dorpelingen te waarschuwen dat het grote beest, het Romeinse leger, eraan kwam op honderd paar voeten.

'Iedereen was in paniek. Ze stuurden mij terug om je te halen,' zei Izaäk.

'Waarom deed je dat dan niet?'

'We hebben nu geen tijd om te praten. Laten we naar het bos gaan.'

Jezus nam Izaäk bij de hand en leidde hem zo snel als de blinde man kon over de ruwe grond. Hij nam het Izaäk niet kwalijk dat hij was afgeleid. Dat deed God met mensen die een gave hadden.

Als de Romeinen in de buurt waren, zouden ze niet ver komen. Maar Jezus kende een geheime plek, een holte onder een paar omgevallen bomen. De dorpelingen, die alleen het bos in gingen voor brandhout of om zich te verstoppen, vroegen zich af waarom Jezus zo vaak naar het bos ging. Al snel voegden ze het maar toe aan hun lijst met zijn vreemde gewoontes.

De schuilplaats was groot genoeg om hen beiden te verbergen en ze waren er net op tijd. Het huis van Jozef stond aan de rand van het dorp. Ze konden het vanuit hun schuilplaats zien. Romeinse soldaten verkenden het dorp in groepen van vier of vijf personen. Ze droegen fakkels.

'Hoeveel mensen zullen ze meenemen?' fluisterde Izaäk. Ze waren zo dichtbij dat hij het knetteren van de toortsen kon horen.

'Dat ligt eraan hoe bang ze ons willen maken,' zei Jezus bitter.

De soldaten smeten een fakkel in een huis niet ver van het huis van

Jozef. De muren waren van steen en leem, maar brandden toch snel als iemand lappen met olie naar binnen wierp. Al eerste vatten de bedden van stro vlam, al snel gevolgd door de lage zolderbalken.

Jezus voelde zich misselijk. Maar de Romeinen zouden niet het hele dorp platbranden – ze hadden de belasting nodig. Een paar huizen afbranden zou de mensen genoeg angst inboezemen. Het was een kleinschalige vergeldingsactie voor de bijeenkomst in de graanschuur de avond ervoor. De volgende stap zou zijn om iemand in de kraag te vatten en te martelen. Maar verder gingen ze niet. Als de steun voor de rebellen weer groter werd, zouden de Romeinen terugkomen, maar dan 's nachts als iedereen sliep. Enkelen zouden het vuur overleven, maar daar waren de Romeinen aan gewend. Er ontsnapten altijd een paar mieren.

Jezus hoorde niet de kreten van de man die stierf. Het was Hizkia, oud en kreupel, een zwakke grijsaard. Zijn gezin wilde hem niet achterlaten, zelfs niet in paniek, maar hij stond erop de gok te wagen. De Romeinen zouden niet omkijken naar een oude man. Die dag gingen maar drie huizen in vlammen op. Het lot besliste dat het huis van Hizkia het eerst eraan ging. Ze trokken een verkoold lichaam uit de as en wikkelden het in een laken. Vanuit de verte bereikten de jammerklachten van vrouwen de oren van Jezus. Het was nu tijd om samen te komen om te rouwen, maar Jezus gebruikte de tijd om weg te komen. Hij had een geheim ritueel te voltrekken.

Onopvallend liep hij naar de *mikvah*, de rituele badplaats buiten het dorp. Daar was een natuurlijke bron en generaties geleden was er een bekken omheen gegraven. De Thora vereiste dat onreinheid weggewassen werd, maar niet in een handmatig gevulde teil of gootsteen. Alleen stromend water voldeed aan de wet.

Jezus was op zijn hoede toen hij naderbij kwam. Het zou problemen geven als er een vrouw in de mikvah was om haar maandelijkse bad te nemen. Deze plek werd voornamelijk door vrouwen gebruikt, mannen bleven er weg. Mannen die zich aan de wet hielden, hoorden zich niet te verdiepen in het mysterie van de cyclus. Maar alle vrouwen waren op de begrafenis, dus hij was de eerste uren wel veilig.

Een uit de rots gehouwen trap leidde naar een smalle kamer in de vorm van een doos, net groot genoeg voor iemand om zich in te baden. Jezus deed zijn ondergewaad uit en wikkelde een doek om zijn middel. Hij stond met zijn voeten in het diepe en heldere water. Zelfs in het droge seizoen was het bad altijd vol.

Jezus had een kleine kruik van klei meegenomen vol pure olijfolie. Hij depte zijn voorhoofd en stapte tot zijn middel het water in. In de winter was het water ijskoud en hij dook snel onder. Hij kwam weer boven met een diepe zucht en sprak hardop zijn gebed.

'God, vergeef me mijn overtreding. Laat me mijn zonde zien en bevrijd me ervan.'

Jezus zag eerst de schaduw en daarna de man die de schaduw veroorzaakte. Hij draaide zich om en de indringer zei: 'Ik kan heel wat meer voor je betekenen dan hij. Ik kan je redden.'

Jezus schamperde: 'Ik wil jouw soort redding niet.'

Het was Judas, de lange zeloot. Hij stond op het plateau waar Jezus zijn kleren had neergelegd en in de kleine ruimte was geen plaats voor twee personen. Jezus zat gevangen in het water.

'Wees niet bang. Ik ga niemand roepen. Ik weet waarom je hier bent en dat is niet omdat je denkt dat je een vrouw bent.'

De stem van Judas was kalm en laag. Hij ging op het plateau zitten, boven op het onderkleed van Jezus. Hij maakte duidelijk dat Jezus geen kant op kon. Hij zei: 'Je moet nog wat langer rillen. We maken eerst ons gesprek af.'

Zonder op een antwoord te wachten, vervolgde Judas. 'Ik heb wat rondgeneusd. Iedereen zegt dat je vreemd bent. Maar dat weten we allebei al.' Judas lachte en wuifde het weg met zijn hand. Iedere man die in een mikvah betrapt wordt is vreemd. Of heilig. Hij kneep zijn ogen samen.

'Maar eerst het belangrijkste. De wereld vergaat niet. Geloof je me? Of ben je zo gek als men zegt?'

'Ik geloof dat ik bevries. Ga weg. Door jullie en die vergadering van jullie is een onschuldige man gestorven.'

'Je liegt,' zei Judas koel. 'Waarom doe je hier boete als je denkt dat wij het waren? Je denkt dat jij er op de een of andere manier schuld aan

41

hebt, nietwaar? Door jouw zonde vielen de soldaten je dorp binnen. Dat noem ik grootheidswaanzin.' Plotseling grinnikte Judas. 'Daar hebben we meer van nodig.'

'Genoeg. Ga opzij.' Hij was over de gêne heen dat hij betrapt was en begon boos te worden. Het was niet tegen de wet dat hij in de mikvah was. Iedereen, mannen en vrouwen, namen een bad in de poelen rond de tempel van Jeruzalem voordat ze de heilige grond betraden.

Hij probeerde op het plateau te klimmen, maar Judas duwde hem terug. 'Wat gaan we doen aan jouw zonden? Ben jij een van die vreemde snuiters die denkt dat de wereld zal vergaan omdat zij zo schuldig zijn? Antwoord!'

De twee staarden elkaar aan. Het water was koud. Judas hield stand en Jezus kon er niet uit tenzij hij antwoord gaf.

'Nee, ik geloof niet dat de wereld vergaat. De mensen die dat geloven zijn wanhopig. Ze zien geen andere uitweg.'

'Ik wel.'

Met een snel gebaar trok Judas een dolk uit zijn sjerp. In de kleine ruimte was het lemmet niet meer dan vijfentwintig centimeter van het ontblote lichaam van Jezus verwijderd. Hij deinsde terug, maar Judas boog verder voorover en stak het mes uit.

'Hier is je ontsnapping. Dat wil je toch?'

Hij draaide het lemmet om en bood Jezus het handvat aan. Deze schudde zijn hoofd. Hij herinnerde zich het zwaard waarmee Simon had gezwaaid in de graanschuur. Dit was dezelfde goedkope truc.

'Pak het maar,' drong Judas aan. 'Je zult een ander mens zijn. Heeft God iets voor je gedaan? Je denkt dat je vergeving wil, maar je liegt tegen jezelf. Je wilt kracht, omdat je het zat bent het makke lam te zijn. Waar zijn lammeren goed voor behalve om geslacht te worden op een altaar?'

Jezus' hart ging tekeer bij het zien van het wapen en niet alleen omdat Judas hem ermee kon steken. Zonder te beseffen waarom stak hij zijn hand uit en greep hij vast. Judas knikte, nauwelijks glimlachend.

'Houd het vast. Voel het. Ik vraag je niet om een beul te worden. Ik vraag je om je kracht terug te pakken. Niemand had het recht jou je kracht af te pakken.'

Opeens snoerde de zeloot zichzelf de mond. Hij draaide zich om en liep snel de trap op. Jezus voelde hoe zijn spieren zich ontspanden. Hij klom uit het water en trok zijn kleren aan, terwijl hij het mes vasthield. Toen hij uit de mikvah kwam, stond Judas in de zon bij de ingang.

Jezus zei: 'Neem het terug. Ik wil geen kracht hebben om te doden.'

Judas schudde zijn hoofd. 'Wat voor kracht wil je dan? De kracht om gedood te worden? Gefeliciteerd. Daar heb je zat van.'

Jezus voelde dat hij rood werd. Hij wilde het mes teruggeven, maar Judas sloeg het met één handgebaar uit zijn hand. 'Raap het op als je een vrij man wilt zijn. Of laat het hier liggen roesten, zoals een slaaf zou doen.'

Judas wachtte het effect van zijn minachtende toon niet af. Hij draaide zich om en liep het rotspad af. Jezus zag hoe zijn bezoeker opeens naar links afboog en in de schaduw van de naaldbomen verdween. Even later was hij al uit het zicht verdwenen.

Het lijk van Hizkia was naar het huis van de doden gebracht. Het was te laag en te klein om het hele dorp te herbergen en toen Jezus naderbij kwam, draaiden degenen die buiten stonden, vooral jongens, zich heel kort even om. Ze waren gewend aan Jezus en hadden hem vanwege zijn voorliefde om te zwerven al een bijnaam gegeven: de zwerver.

Hij stopte en bleef een eindje van hen af staan. Op het dak waren enkele mannen aan het bidden, waaronder Izaäk. Hun lichamen bewogen zich en de lucht was zwaar van de as die ze in hun gezicht wreven. Izaäk had zijn blinde ogen open en zijn gezicht was naar boven gewend.

Een deel van zijn gave was dat Izaäk de engel des doods kon zien naderen. 'Een glorieus verschijnsel met klapperende vleugels en het hoofd van een valk,' verklaarde hij. 'Hij schreeuwt ook als een valk, om de ziel naar God te lokken. Op die manier wijst hij de bange, stervende zielen de weg.'

De blinde en de 'zwerver' hadden dit soort gesprekken als ze samen waren. Nu begon het gezicht van Izaäk te gloeien en hij hief zijn armen ten hemel. Hij zag wat hij zag, die ene engel waar de joden op konden vertrouwen als de anderen hen in de steek lieten. Jezus geloofde half dat hij de engel ook zag. De lucht trilde boven het huis van de doden, maar niet van de hitte in dit jaargetijde. Alles zou duidelijk zijn als hij zo zeker was als Izaäk, maar wellicht verbeeldde Jezus het zich.

Wat hij zich niet verbeeldde was het gewicht van het mes in de palm van zijn hand. Hij was lang genoeg een slaaf geweest en als Judas wist waar de weg naar vrijheid toe zou leiden, dan was de keuze helder. Jezus wist dat hij nooit zou kunnen doden, maar de zeloot had gelijk: gedood worden was een vaardigheid die de joden te goed beheersten.

4

Het eerste wonder

Onderweg naar Jeruzalem praatten de twee reizigers over wonderen. 'Zou je een *magus* willen worden?' vroeg Judas. Hij gebruikte het Latijnse woord voor wonderdoeners.

Jezus keek verbaasd. 'Waarom?'

'Alleen zo iemand kan de joden te leiden,' zei Judas. 'Wonderen helpen waar andere middelen falen. Het eerste wonder is bedoeld om de mensen te laten geloven in je krachten.'

'Maar ik heb dat soort krachten niet,' zei Jezus.

'Dat is ook niet nodig. Is het een wonder als het brood rijst? Wel als je het nooit eerder gezien hebt.'

Ze waren al drie dagen onderweg en nog maar een dag verwijderd van de hoofdstad. Judas overtrof zichzelf en zat vol ambitieuze plannen. Hij beval Jezus soms de hele nacht de wacht te houden terwijl hij zelf sliep. Hij negeerde zijn jonge volgeling – want zo zag hij Jezus – soms uren aan een stuk terwijl hij bezig was plannen te maken voor hun intocht in Jeruzalem. Naarmate Galilea verder achter hen lag, werd Judas rustiger. De dreiging opgepakt te worden was in het zuiden veel kleiner, want het spionnennetwerk van de Romeinen was daar slecht ontwikkeld.

'Er is iets vreemds met je,' zei Judas. 'Je kunt al voor een magus doorgaan. Ik heb de mensen horen praten.'

Jezus sloeg zijn ogen neer. 'Wat zeggen ze dan?'

Ze liepen door een stukje woestijn met enkele verdorde struikjes. Judas wees naar een eenzame meidoorn. 'Laten we even rust nemen.'

De schaduw van de boom was flauw en het was er heet, maar de reizigers waren er blij mee. Ze dronken wat uit een waterzak van geitenleer en Judas vertelde een van de roddels die over Jezus de ronde deden. Maria, zijn moeder, spaarde 's winters vijgen in een pot om ze tijdens het Pascha uit te delen. Dit maakte haar erg geliefd onder de dorpskinderen. Maar een keer was er groene schimmel in de pot gekomen. Op een paar na waren de vijgen niet meer eetbaar.

'Ze zeggen dat jij je moeder huilend aantrof en dat jij haar toen opdroeg om de dorpskinderen toch uit te nodigen,' zei Judas. Hij keek Jezus scherp aan. 'Klopt het?'

Jezus glimlachte wat. 'Tot zover wel.'

'Toen de kinderen kwamen, zat jij bij de deur. Op je schoot had je een mandje met een doek erover. Je greep onder de doek en haalde er voor ieder kind een vijg uit. Ze waren opgetogen en je kwam geen vrucht tekort. Maar iedereen die onder het kleedje mocht kijken, zag maar twee vijgen liggen, hoeveel er ook waren uitgedeeld.'

'Dat klopt,' zei Jezus.

'En zo verspreidt zich dus een verhaal over een wonder,' zei Judas en hij kneep zijn ogen toe. 'Heb je dit verhaal nooit gehoord?'

'Ik was toen twaalf,' zei Jezus welwillend. 'Twaalfjarigen hebben een grote verbeeldingskracht.'

'Wat bedoel je daarmee?'

Jezus aarzelde. Hij wist dat hij met zijn verklaring Judas zou teleurstellen, maar hij deed het toch. 'Op die leeftijd was ik een dagdromer en een van de dingen waarover ik droomde was de wonderen uit de tijd van Mozes. Ik vroeg mezelf af waarom ik en iedereen die ik kende nooit een wonder had gezien. Toen het Pascha werd haalde mijn moeder zoals gebruikelijk de pot met vijgen tevoorschijn.'

'En ze waren niet rot,' zei Judas, want hij begreep hoe het verhaal verder ging.

'Ik verspreidde het gerucht dat ze rot waren,' zei Jezus. 'Toen mijn moeder iedereen had uitgenodigd, waren de mensen in de war maar ze kwamen toch. Het was niet zo moeilijk om een valse bodem in het mandje te maken. Ik hield twee vijgen erboven en greep eronder voor de rest.'

Judas barstte in lachen uit. 'Je hebt de boel bedonderd! Ik wist wel dat je een magus was. Ik wist alleen niet dat je er al zo jong achter was gekomen.'

'Vind je het leuk dat ik de kinderen heb opgelicht?' vroeg Jezus. 'Ik voelde me een paar dagen gewichtig, maar mijn moeder kwam erachter. Ze gaf me geen standje, maar de blik in haar ogen was straf genoeg voor mij.'

Judas was niet langer tevreden. Hij porde in de zandige bodem onder de meidoorn, verloren in gedachten. Toen ze weer op weg gingen, keek hij een tijdje stuurs voor zich uit voordat hij zei: 'Bedenk dat we nog steeds een wonderdoener nodig hebben. De joden zijn slaven en slaven hebben geen benul hoe ze zichzelf moeten bevrijden. Het beste wat ze kunnen verzinnen is een opstand en die is al gedoemd te mislukken voor ze eraan begonnen zijn.'

Ze reden om beurten op de ezel die Judas voor de lange reis had geregeld. Hij had Jezus een paar dunne sandalen gegeven en waarschuwde hem deze pas in de stad te gebruiken: 'We moeten in de menigte opgaan en je wandelschoeisel verraadt meteen dat je een reiziger bent.' Hij had Jezus ook bevolen zijn baard kort te knippen zodat hij er niet uitzag als een beer die uit de heuvels was ontsnapt.

Vlak bij Jeruzalem nam de drukte op de geplaveide straat toe. Het was een heksenketel van handelaren, pelgrims, bedelaars en handwerklieden die naar de hoofdstad kwamen op zoek naar God en geluk. Jezus zag voor het eerst in zijn leven een aapje, een Arabisch paard en dwerggeiten die niet hoger kwamen dan zijn knie. Hij zag reizigers met oorringen, nekringen, neusringen en andere exotische snuisterijen. Struikrovers loerden langs de kant van de weg op hun kans om het goud te stelen. Toen Jezus die nacht ging slapen, hoorde hij het dronkemansgelach en doordringende kreten. Hij vroeg zich verwonderd af hoe Rome een nog veel groter gekkenhuis kon zijn.

'Ik weet wat ik als een wonder zou zien,' zei Judas. 'Dat we levend terugkeren van onze missie.'

'Wat denk je zelf?' vroeg Jezus.

Het was de eerste keer dat Judas sprak over een missie of de gevaren ervan. Zelfs nu hulde hij zich in raadselen en zei: 'Maak je maar geen zorgen. Er is overal voor gezorgd.' Jezus keek zijn ogen uit toen hij in de verte de poorten van de stad zag. Het was jaren geleden dat zijn ouders hem hadden meegenomen naar de bakermat van het geloof. Als kind had hij gefantaseerd dat de poorten van massief cederhout waren, zo massief dat je de geur kilometers ver al kon ruiken en dat pelgrims van een nog grotere afstand het goud waarmee de deuren verguld waren, al zouden zien glinsteren .

Judas schudde hem wakker uit zijn dromerij. 'Je moet alles weten,' zei hij en terwijl ze aan de kant van de weg uitrustten, deed hij op gedempte toon uit de doeken wat hun missie was.

Simon de Zeloot had hen op een dodelijke missie uitgestuurd om de hogepriester van de tempel neer te steken. Het was tijd, had hij gezegd, om de terreur te richten op het hart van de collaborateurs, niet de lagere rabbi's maar het Sanhedrin, het hooggerechtshof zelf. Enkele dagen na hun confrontatie bij de mikvah, was Judas weer teruggegaan naar de schuilplaats van de opstandelingen, waar hij zijn opdrachten had ontvangen.

'Het Sanhedrin komt elke dag in de tempel bijeen om recht te spreken. Op gewone dagen zijn er drieëntwintig rechters, maar maak je om hen niet druk. Richt je op de hogepriester en de opperrechter,' had Simon gezegd. 'Want als je het dier onthoofdt, zal het sterven.'

Judas pauzeerde. Hij zag hoe Jezus verstijfde. Net als iedereen uit de provincie had Jezus diep ontzag voor de tempel en durfde hij nauwelijks in de buurt te komen van de priesterkaste. De hogepriester aanvallen stond ongeveer gelijk aan God aanvallen.

'Bestaat het hele hof volgens jou uit verraders?' vroeg Jezus zachtjes.

'Zij zijn de enigen die de koning kunnen berechten en Herodes is niet meer dan de hoer van Rome,' zei Judas. 'Maar het Sanhedrin doet niets.'

'Is dat hetzelfde als God verraden?' vroeg Jezus.

'Wat bedoel je?'

'Toen wij elkaar ontmoetten, zei Simon dat de Schrift hooggehouden diende te worden, de wetten van God moeten dus nagevolgd worden. Is dat niet wat de priesters en rechters doen?'

'Dat zie je verkeerd.' Judas werd ongeduldig. 'Samenwerken met de vijand is een misdaad tegen God.'

'Wat voor keuze hebben ze?' zei Jezus. 'Priesters zijn van alle joden het meest zichtbaar. Als ze niet meewerken, vermoorden de Romeinen hen. Ik weet dat ik je boos maak, maar ik moet het begrijpen. Een priester buigt misschien uiterlijk voor de Romeinen, maar houdt in zijn hart van God. Dat doen we allemaal. Zijn wij dan minder schuldig?'

Judas kon zijn woede nauwelijks bedwingen, maar hij liet Jezus verder praten.

'Ik ben met je meegegaan omdat er iets gedaan moet worden aan het lijden in het land. Maar als ik erachter kom dat jij niet rechtvaardig bent, zou ik alleen maar voor meer lijden zorgen als ik je help. Of zie ik het verkeerd?'

Judas leek op het punt te staan in woede uit te barsten, maar hij sprak rustig en beheerst: 'Je kunt niet stoppen met deze opdracht. Ik heb voor je ingestaan. Dit is een test. Ik ben het enige wat instaat tussen jou en wat de zeloten zullen doen als we niet slagen.'

'Ik moet een moord plegen en zij zien dat als test?' vroeg Jezus.

'Luister naar me. Als onze missie slaagt zonder dat we gearresteerd worden, zullen zelfs Simon en zijn vader ons vertrouwen. Dan worden we luitenant en zelfs commandant.'

Jezus was verbijsterd. Hij had gelogen en zich in het geheim klaargemaakt om Nazaret te verlaten. Hij mocht zijn familie niets vertellen, omdat ze gemarteld konden worden als hij gepakt zou worden. Zijn voorbereidingen werden opgemerkt, maar hij had het geluk aan zijn zijde. De familie van Hizkia, de oude man die omgekomen was bij de brand, wilde een offer brengen in de tempel van Jeruzalem. Zijn vrouw was echter oud en zwak en de zonen konden hun magere kudde niet verlaten. Jezus bood aan, de reis voor hen te maken. De oude vrouw viel op de grond, omarmde zijn voeten en had tranen in haar ogen toen ze Jezus' welwillende gebaar aanvaardde.

Jezus slikte zijn schuldgevoelens weg en bond wat muntjes in een kleine geldbuidel om zijn middel. Al was het bijna allemaal kleingeld, het was wel de helft van zijn spaargeld. Zo goed en kwaad als het ging kalmeerde hij zijn angstige moeder en achterdochtige broer Jacobus. De laatste nacht sliep hij rusteloos en toen hij voor dag en dauw opstond, schrok hij toen zijn moeder vroeg: 'Waar is Judas?'

Ze bedoelde de vijfjarige, jongste zoon van het gezin. Salomé, de enige dochter binnen gehoorsafstand, rende weg om de jongen te halen. Jezus dwong zichzelf om te ontbijten, terwijl hij verzonken was in sombere gedachten. Maria vroeg niets en ze keken elkaar niet aan. Het hele gezin stond bij de deuropening om te zien hoe hij wegging en hij kon hun ogen in zijn rug voelen tot hij uit zicht was. Hij kon geen afscheid nemen van zijn vader, want die was al vroeg opgestaan om werk te zoeken en evenmin van zijn andere broers Joses en Simon die niet meer thuis woonden.

Hij keerde zich weer tot Judas: 'Ik kan geen moordenaar worden, zelfs niet om mijn volk te redden.'

Judas gaf hem een scheef lachje. 'Je gaat ook niemand vermoorden. Dat is het mooie ervan.'

Jezus voelde dat hij rood aanliep. 'Waar heb je het over?' vroeg hij dwingend.

'Rustig maar.' Judas greep in zijn plunjezak en haalde er brood en olijven uit met een stukje gedroogd lamsvlees. 'Eet. Dit is het laatste dat we hebben,' zei hij op koele toon.

Jezus sloeg het eten uit Judas' handen en sprong op. 'Ik vertrouwde je!' riep hij uit. 'Je verleidde me met vrijheid. Wil je me nu tot zonde verleiden?'

Judas vermaakte zich om de opwinding van Jezus. 'Ben je nu opeens een rabbi geworden?' vroeg hij droogjes. 'Het is niet aan jou om te stellen dat een oog om een oog niet rechtvaardig is.'

'Wees jij dan de rabbi en vertel mij wat rechtvaardig is.'

'Nee, zo hoog mik ik niet. Vertrouw me nog één dag. Je hebt me al een keer vertrouwd toen ik je van de zeloten redde. Dat kan ik nog een keer doen.'

Judas onderzocht het brood dat Jezus op de grond had gegooid. Hij rook eraan en gooide het weg. 'Dat was ons laatste eten.' Hij stond op. 'Ik zei je toch dat we niemand zullen vermoorden. We doen net alsof. Ga je mee?'

De rechtszaal waar het Sanhedrin zat was een apart gebouw dat uitkeek op het grote binnenplein, maar het had ook een ingang die uitkeek op de stad. De twee ingangen symboliseerden de wereldse en de religieuze macht van het hof.

'Of misschien is het een waarschuwing dat de rechters een dubbele moraal hebben,' zei Judas. Met scherpe blik verkende Judas de omgeving snel. Hij nam Jezus mee naar de stadsingang om te zien of die een goede vluchtroute bood. Hij was teleurgesteld. De ingang was klein en vol met boze mensen die elkaar opzijduwden om met hun verzoekschriften naar binnen te komen.

Judas vroeg niets aan Jezus en zei ook niets tegen hem. Het was vroeg in de ochtend en de rechters waren er nog niet. De binnenkamer, de zetel van de rechtspraak, was dus nog leeg. De menigte bij de deur zou tweemaal zo groot worden als de rechters hun plaats hadden ingenomen. Judas besloot niet te wachten.

'Maar we hebben niet gezien hoeveel bewakers er zijn,' zei Jezus.

Het scheen Judas niet te deren. 'Bewakers zijn er om mensen te arresteren. Ze zijn niet in ons geïnteresseerd, tenzij we een misdaad begaan.'

Jezus was geduldig geweest en had zijn reisgenoot de ruimte gegeven om geheimzinnig te doen rond zijn plannen, maar nu was de maat vol. Hij stopte op de trap van de tempel en eiste een verklaring.

'Sommige misdaden zien er alleen maar uit als misdaden,' zei Judas cryptisch. Hij stak zijn hand uit. 'Hier, geef me je geld.'

'Waarom?'

'Geef het nou maar. Waar is je vertrouwen gebleven?'

Jezus deed een stap achteruit en legde zijn hand op de verborgen geldbuidel. Alles wat Judas had gedaan was een teken van macht geweest en niet van vertrouwen. Judas voelde dat hij te ver was gegaan. 'Ik zal je alles vertellen, maar dan kun je niet meer terug. Afgesproken?'

Jezus haalde zijn schouders op in plaats van antwoord te geven. Dat was genoeg voor Judas.

'We gaan niemand neersteken. Wij doen ons voor als magiërs en spelen alsof het levensecht is. Niemand zal een reden hebben om ons te arresteren, maar de zeloten zullen denken dat we in onze opzet geslaagd zijn. Het is een briljant plan, al zeg ik het zelf.'

Zijn sluwe glimlach overtuigde Jezus niet. Judas deed alsof hij de twijfel niet zag en vervolgde: 'We nemen je geld en kopen wat duiven in een kooitje. Dan sleep ik je de rechtszaal in en roep dat jij het kooitje van me hebt gestolen. We maken een enorm kabaal en gaan linea recta naar de rechters.'

'Zo ver laten ze ons niet komen,' wierp Jezus tegen.

'We gaan zo snel dat we er zijn voor iemand kan reageren. Tegen de tijd dat de bewakers ons willen tegenhouden, zijn we er zo dichtbij dat het gaat lukken.'

'Wat gaat lukken?'

'Dit.' Judas trok een klein glazen medicijnflesje uit zijn zak dat gevuld was met een siroopachtige groene vloeistof en zei lachend: 'Dit is vergif. Ik doe het op een doorn en als ik dicht bij een van de rechters ben dan geef ik hem een kras op zijn arm. Meer is niet nodig.'

Jezus schrok en zei: 'Dus je gaat toch een van de rechters vermoorden?'

'Met een doorn? Natuurlijk niet. Maar het vergif werkt heel snel en de rechter zal meteen stuipen krijgen. Ondertussen maak ik een scène. De bewakers zullen me pakken en als ze me wegslepen, doe ik alsof ik gek ben. Ik ga met mijn armen zwaaien, de rechter vervloeken en de wraak van God over hem afroepen. Op dat moment zal het gif zijn werk doen en als we geluk hebben, zal hij flauwvallen.'

Briljant of niet, het plan maakte indruk op Jezus. Iedereen zou gefascineerd toekijken naar de uitwerking van de vloek van een magiër. De priester zou in een paar minuten hersteld zijn en Judas en Jezus zouden niet in de gevangenis gegooid worden. Ze zouden zelfs weg kunnen lopen als Judas snel genoeg praatte.

Maar Jezus had ook zijn twijfels: 'Simon zal erachter komen dat we niemand hebben gedood.'

'Wat dan nog? Ik zeg gewoon dat we de priester hebben neergestoken maar in alle consternatie een vitaal lichaamsdeel hebben gemist. Niemand zal me tegen kunnen spreken.'

'Maar ik dacht dat je er echt eentje wilde doden,' zei Jezus.

boven de wolken met een troon van stralend marmer, witter dan het marmer dat de rijkste Romein zich kon veroorloven voor zijn badkamer.

Jezus wilde de Bijbel niet in twijfel trekken. Hij kon nauwelijks lezen en schrijven. Hij kon zijn naam in het Hebreeuws en in het Romeins schrijven. Hij kende het alfabet, maar kon alleen spellend woorden lezen. Het Bijbelse plaatje was hem te mooi – in deze wereld doodhongeren zodat God je na je dood in Zijn paleis kan uitnodigen. Wat dat betreft voelde hij zich net als Judas. Jezus zag waarom de mensen leden, ook al konden ze het zelf niet zien. Ze leden aan hopeloze dromen over Gods liefde terwijl – als je echt eerlijk was – het enige wat God liet zien onverschilligheid en minachting was.

Jezus veegde wat bloed weg waar de jongen hem gekrabd had en stond op. Hij voelde zijn verdriet. Het werkte niet om in de wereld te zijn, maar niet van de wereld. Hij huilde te veel voor iemand die onthecht diende te zijn. Judas had een plan om mensen aan het denken te zetten en al was er een onecht wonder voor nodig, het was beter dan helemaal geen plan.

5

De heilige vrouw

Het was vroeg in de ochtend en de luiken in de stad waren nog dicht toen Judas en Jezus naar de tempel gingen en onder de zuilengalerij een paar duiven in een kooitje kochten. Judas dong flink af bij de Syrische koopman en kreeg de duiven zo goedkoop dat er nog wat geld overbleef om brood te kopen. Het was een schamel ontbijt dat het knagende gevoel in Jezus' maag niet kon verdringen. Ze aten buiten de tempelpoort, gehurkt op de grond. Jezus was stil en na een tijdje gaf hij de helft van zijn brood aan Judas.

Judas nam het aan zonder hem te bedanken. 'Je wilt het zeker niet doorzetten.'

Jezus schudde zijn hoofd.

'Waarom niet? Vind je het een belachelijk plan? Aandacht trekken is de beste manier om iets groots in gang te zetten. Je kunt mensen bespelen en neem maar van mij aan dat ze dat ook willen.'

Jezus keek Judas niet aan: 'Het is verkeerd om het in de tempel te doen,' mompelde hij.

Judas bulderde van het lachen. 'Bedoel je in het huis van God? Hij zal zich vast niet ergeren aan mijn kleine pekelzonde. Wat hij allemaal door de vingers ziet is tienmaal erger dan wat ik in mijn stoutste dromen kan verzinnen.'

'Dan nog.'

'Je hebt wel een goed moment uitgekozen om vroom te zijn.' Judas draaide zich om en hief zijn handen ten hemel als een dorpsrabbi op sabbat. 'Hoor mij, God. Ik zal alles doen om uw volk te redden, maar ik wil geen risico lopen. Er zijn grenzen, vindt u ook niet?' Hij nam het stukje brood dat Jezus hem had gegeven en gooide het op straat.

Jezus stond op. 'Ik ga.'

'Ik ga ook,' antwoordde Judas met een koude en harde stem. 'De heilige stad heeft nog niet al haar charmes blootgegeven.' Hij pakte Jezus bij zijn kraag en trok hem mee. 'Denk maar niet dat je me aankunt,' zei hij dreigend toen Jezus zich uit zijn greep probeerde te los te maken. 'Ik zal je laten zien wat je werkelijk bent: een hypocriet. Net als de rest.'

Toen Judas voelde dat Jezus niet meer tegenstribbelde, liet hij hem los. Ze liepen samen een nauwe straat in die uitkwam bij de tempel. Ze waren beiden boos, maar Judas wist dat zijn jongere reisgenoot twijfelde. Hij moest die twijfel benutten om de angst van Jezus te overwinnen.

'Kijk daar eens,' zei hij en hij hield halverwege de straat stil. Hij keek in de richting van een klein kraampje waar een koopman hoofddoeken en goedkope relieken verkocht. 'Zie je zijn drie dochters achter hem? Dat zijn geen dochters maar heilige vrouwen. Tenminste, zo noemen ze dat.'

Judas liep op het stalletje af zonder erop te letten of Jezus hem volgde. Hij groette de koopman, een stevige kerel met zijn armen gekruist over zijn borst, en vroeg hem wat hij te bieden had.

'Alles wat je wilt. De handelswaar is niet verborgen. Kijk maar.' De koopman knikte kort en de drie gesluierde vrouwen die gehurkt in de schaduw achter hem zaten, stonden op. Ze zagen er gewoon uit, ware het niet dat hun gouden enkelbanden zichtbaar waren omdat hun rokken iets te kort waren. Een voor een lichtten ze hun sluier op, zodat Judas heel even hun gezicht kon zien. Ze waren bleek en hun ogen waren zwart aangezet om er verleidelijk uit te zien.

'Leeftijd?' informeerde Judas.

'De jongste is twaalf, de middelste vijftien en de oudste zestien.' De koopman maakte geen geheim van zijn ware beroep en gaf Judas een vette glimlach.

'Leugenaar. De oudste liet zichzelf nauwelijks twee seconden zien.

Ze is eerder twintig,' zei Judas. 'Een oude heks.' Hij keek over zijn schouder. Jezus stond een paar meter achter hem en probeerde de andere kant op te kijken.

De pooier knipoogde. 'Je vriend is wat verlegen. Zeg hem maar dat hij zich geen zorgen hoeft te maken. Al mijn heilige vrouwen zijn schoon. De jongste is nog maagd.'

Judas had genoeg gehoord. 'Misschien een andere keer. Vertel je maagd dat ze naar de priesters moet gaan zodat ze haar kunnen vereren. Het zou waarachtig een wonder zijn als zij nog maagd is.'

De pooier was niet beledigd, maar lachte omdat hij wist dat ze op één lijn zaten. Hij gebaarde met zijn hand en de vrouwen trokken zich in stilte weer terug in de schaduw.

Judas liep terug naar Jezus en keek tevreden. 'Goed, je bent geschokt. Laten we verder gaan.'

Judas was slim genoeg om zijn metgezel met rust te laten. Jezus zou snel genoeg beseffen dat hij Judas nodig had. De zeloten zouden wraak willen nemen als hij hen verliet. Bovendien moest Jezus in gaan zien dat hij zijn familie in groot gevaar bracht als hij zich zou terugtrekken in zijn eigen droomwereld – want Judas twijfelde er niet aan dat Jezus last had van religieuze waanbeelden.

Nu moest alleen het vertrouwen van Jezus nog getest worden. Toen ze bij de tempelpoort aankwamen, gaf Judas de kooi met duiven aan Jezus. 'Ga naar binnen en verricht het offer zoals je beloofd hebt. Ik zie je over een uur in de rechtszaal.' Zonder nog een woord te zeggen, draaide Judas zich om en verdween in de massa.

Jezus keek hem na en wenste dat hij de andere kant uit kon rennen. Judas had het goed gezien. Jezus twijfelde al de hele ochtend. Hij besefte dat hij weerloos was zonder Judas en dat hij zich niet kon beschermen. Hij pakte de duivenkooi op en voegde zich bij de stroom gelovigen die zich dwars over het geblakerde tempelplein een weg baanden naar het heiligdom waar ze konden offeren. Dit heiligdom was een klein gebouw aan de achterkant van het tempelterrein. Het was zonder ijzeren werktuigen uit steen gehouwen, zoals de Bijbel voorschreef. Steen mocht alleen met steen gehakt worden. Dat was zwaar werk dat niet opschoot, dus het was de bouwers van weleer vergeven dat de blokken nog ruw waren. Maar hun werk was heilig en de muren van het heiligdom waren glad genoeg om te glinsteren in het zonlicht.

De kamer in het heiligdom was daarentegen ruw en bedompt als een grot. Jezus hield even halt en liet de menigte aan zich voorbijgaan. Niemand mocht het domein van de priester binnentreden, maar iedereen had al wel eens gehoord wat daar te zien was. De ark van het verbond was verloren, maar de afstammelingen van Abraham en Mozes hadden al het mogelijke gedaan om de tempel weer op te bouwen. Voor God hadden ze een hoog altaar gebouwd met daarop een menora met flikkerende kaarsen en stukken offerbrood.

Toen Jezus twaalf was, was hij een keer zo in de ban van wat hij zag dat hij zich er niet van kon losmaken. Zijn familie verbleef in een herberg vanwege Pascha. Toen het tijd was om te vertrekken, glipte Jezus weg. Hij zei dat hij in een van de karren zou meerijden aan het einde van de lange karavaan die uit Nazaret was gekomen. Toen niemand op hem lette, rende hij terug naar de tempel, die op dat moment verlaten was. Hij had de hele ruimte voor zichzelf tot twee oude priesters hem wegjoegen. Om nog langer te kunnen blijven, stelde hij allerlei vragen. Waarom konden ongelovigen de stenen tafelen stelen, terwijl God ze voor eeuwig aan Mozes had gegeven? Waarom gaf de Perzische koning duizend werkers om de tempel te herbouwen? Was God in een visioen tot hem gekomen?

Zijn eerste vragen waren kinderachtig, maar na een tijdje begon Jezus de oude priesters te vertrouwen. Zij voelden zich gestreeld dat hun kennis werd getoetst. Jezus vertelde hun over problemen waar hij al langer mee worstelde. Wist God dat een kindje joods was als het gestolen was of achtergelaten, zoals Mozes in het biezen mandje? Kon iemand die te arm was om de reis naar de tempel te maken de vergeving van God verdienen als hij thuis berouw toonde?

De priesters waren verbaasd en vroegen de jongen hoe het mogelijk was dat zulke ingewikkelde vragen in hem opkwamen. Jezus antwoordde dat hij mensen kenden van wie de baby was gestolen. En hij kende andere mensen die zo arm waren dat ze niet eens een handje gerstemeel hadden voor het altaar. De priesters waren geraakt en gingen uitvoerig op de vragen in. Het ene onderwerp leidde tot het andere. De vroegrijpe jongen mocht met hen mee-eten en op de grond naast hen slapen. Tegen de tijd dat Jozef was teruggekeerd en boos en bezorgd bij de tempel aankwam, was Jezus zich er nauwelijks van bewust dat er drie dagen verstreken waren.

Jezus greep in de kooi en pakte de witste duif. In zijn handen verstijfde de vogel van angst. Jezus sloot aan in de rij en wachtte op zijn beurt om het heiligdom te naderen. Toen hij voetje voor voetje dichterbij kwam, zag hij een priester naar buiten komen. Het was een grote man met een dikke leren voorschoot over zijn kleed. In zijn riem stak een mes vol bloed.

De priester schreeuwde naar een man die voor de deur aan een kalf stond te trekken. Het dier was in paniek en loeide en worstelde om los te komen van het touw om zijn nek.

'Ga ermee naar binnen of maak dat je wegkomt!' schreeuwde de priester. Hij rook naar bloed, waardoor het kalf nog meer in paniek raakte. Ongeduldig trok de priester zijn mes en sneed de keel van het kalf half door. De snee was net diep genoeg om een slagader te raken. Het bloed droop over het kalf, dat wankelde en nauwelijks nog kon staan.

'Zo,' zei de priester en hij hield zijn hand op. De eigenaar van het kalf grabbelde naar wat muntgeld voor de priester. Met zijn andere hand hield de priester het kalf vast, klaar om het naar binnen te trekken. Het dier loeide niet meer en was nu heel gedwee. De mensen achter in de rij hielden op te mopperen over het oponthoud.

Jezus kon de geur van bloed op een afstand ruiken. Het was een geur die hij goed kende van vroeger. Hij had het altaar al eerder gezien en kende nog de zure rook van brandende ingewanden en de uitgelezen stukken vlees die van het karkas waren gesneden voor de priesters. Hij was nooit misselijk geworden van offers. Maar nu stapte hij uit de rij en hield de duif hoog boven zijn hoofd.

Hij liet de duif los. In plaats van omhoog te vliegen, fladderde de duif naar de grond. Het diertje was zo verzwakt door de angst dat het niet meer kon vliegen. Verschillende omstanders moesten erom lachen – een of andere stakker was erin geluisd en had een vogel gekocht die niet geschikt was om te offeren. Jezus knielde en tilde de duif weer op. Dit keer gooide hij het diertje niet weer in de lucht. De duif bewoog niet meer en trilde zelfs niet meer. Het diertje stierf in zijn handen.

Dit keer lette niemand op hem, want iets anders had de aandacht getrokken. Een oude vrouw probeerde voor te dringen. Ze was oud en gerimpeld en ze frommelde met wat bloemen die ze onderweg had geplukt. Haar sjaal was van haar hoofd gegleden en hing om haar schouders. Ze had blijkbaar niet door dat haar hoofd onbedekt was. Een paar mannen wilden haar wegduwen, anderen noemden haar een oude heks en uitten hun woede dat de tempel onteerd werd.

'Laat me je helpen, moedertje. Zijn deze bloemen je offer?'

De oude vrouw keek met toegeknepen ogen naar Jezus. Hij was even bang dat ze gek was en naar hem zou schreeuwen. Vrouwen mochten niet in de rij staan en bloemen werden niet geaccepteerd als offer. Maar opeens werd ze kalm. Ze knipperde met haar ogen als een uil bij daglicht en mompelde: 'Neem mij met je mee. Laten we rennen! Mijn koning brengt mij in zijn kamers.'

'Wat?' zei Jezus, compleet overrompeld.

'Leren ze je niets?' De oude vrouw schudde hooghartig haar hoofd. Ze sloot haar ogen alsof ze de woorden uit het diepst van haar herinnering moest ophalen. 'Laten we juichen en zingen om jou! Laten we jouw liefde prijzen, meer nog dan wijn.' Ze lachte zichzelf toe. 'Bestaat er iets mooiers?'

De rij ging weer verder en men probeerde hen allebei weg te duwen. 'Als je die ouwe heks uit haar grot hebt gehaald, zorg dan dat ze weer teruggaat,' sneerde iemand.

'Hier, moedertje, kom maar met me mee.' Jezus trok de oude vrouw voorzichtig aan haar mouw mee en bedekte ondertussen haar hoofd met de sjaal. Ze lette niet op alle opwinding om haar heen.

Met haar knokige hand hield ze de bloemen stevig vast, maar ze wankelde niet. Met een stevige greep pakte ze Jezus vast. Ze liepen naar een stenen bank bij de waterbekkens waar alle vrouwen naartoe gingen om zich te reinigen voor het gebed.

'Het Hooglied,' zei ze. Ze keek op een vragende manier naar Jezus, het hoofd schuin. 'Ik citeerde het Hooglied. Herkende je het niet?'

Jezus schudde zijn hoofd en ze zuchtte: 'Ze kunnen de tempel van Salomo neerhalen, maar ze kunnen zijn woorden niet vermoorden.' Ze tikte op haar voorhoofd. 'Nu ken je mijn geheim. Aan niemand vertellen, hoor!'

Jezus glimlachte. De vrouw was een beetje getikt, maar deed hem in ieder geval even vergeten in wat voor benarde situatie hij zich bevond. 'Wat voor geheim is dat?' vroeg hij.

Ze boog zich naar hem toe en fluisterde: 'Ik ben een zondaar. Ik kan lezen. Ze zouden me in stukken scheuren als ze het wisten.'

Jezus kon zijn verbazing niet verbergen. 'Wie heeft je dat geleerd?'

'Mijn vader. Hij was rijk, maar had geen zonen. Dat maakte hem zo wanhopig dat hij 's nachts leraren ons huis binnensmokkelde. Ik leerde lezen bij kaarslicht, als een samenzweerder in een grot.'

De laatste zin ging vergezeld van een scherpe blik, veel scherper dan paste bij een verwarde oude vrouw. Voor Jezus kon reageren zei ze: 'God heeft geen hulp nodig om de kwaden eruit te pikken.'

'Omdat er zoveel zijn?' vroeg Jezus.

Ze schudde haar hoofd. 'Omdat het verbond hier niet is.' Ze knikte in de richting van de reusachtige eikenhouten deuren van het heiligdom. 'God kent de rechtvaardigen door hun hart te lezen. Hij koos Noach uit, nietwaar? Uit het verdorven Sodom koos hij Lot. De rechtvaardigen verspreiden een eigen licht. Hij zal spoedig iemand anders uitkiezen.'

Jezus keek naar de handen van de oude vrouw die bezig waren met het vlechten van de bloemen. Het waren kleine roze roosjes van het soort dat in het wild groeide in de sloten rondom de stad.

'Volstaat het om rechtvaardig te zijn?' vroeg hij op rustige toon.

'Dat moet wel. Het aantal slechteriken zal altijd groter zijn. Hoeveel lammeren er in de lente ook geboren worden, er zijn altijd meer wolven om hen op te eten.'

De oude vrouw mompelde binnensmonds en er kwam een andere regel uit het Hooglied naar boven: 'Ik ben een lelie van de Saron, een wilde lelie in het dal. Als een lelie tussen de distels, zo is mijn vriendin tussen de meisjes.'

Ze had haar kransje van rozen klaar en zonder enige waarschuwing plaatste ze het op Jezus' hoofd. Het was te klein en viel bijna af. Ze giechelde en zoals zo vaak bij oude mensen, klonk ze door haar gegiechel weer als een kind. 'O, wat staat het je mooi. Net een kroon.'

Toen de drieëntwintig rechters de hal binnenliepen, boog Judas net als de rest van de aanklagers. De leden van het Sanhedrin waren mannen van stand, wat bevestigd werd door hun hoge zwarte hoeden en de gouden gespen op hun mantels. De zeloten konden zich woedend maken over gezag, maar Judas kon er wel tegen. Wat maakt een mens rechter over medemensen? Niet God, dat wist Judas zeker.

Toen hij nog jong was en in Jeruzalem woonde, kende hij Simeon, een vriend van zijn vader die alle talent voor zaken miste. Iedereen had medelijden met hem en zijn vrouw, die twee baby's verloren had omdat haar melk te dun was om hen te voeden. Mensen praatten achter haar rug over een vloek, maar Judas hoorde van zijn vader wat er werkelijk aan de hand was: 'Ze sterft bijna van de honger en is waarschijnlijk vergiftigd. Simeon gaat eropuit als niemand het ziet en koopt ranzig meel met ongedierte erin en God mag weten wat nog meer. Gemalen botten, marmerstof. Iets anders kunnen ze zich niet veroorloven.'

Toen de situatie nog hopelozer werd, ging Simeon meer van de Thora houden. Het werd een obsessie om uit te zoeken wat God wilde. Het moest wel de wil van God zijn dat een arme drommel als Simeon naast een rijke man als de vader van Judas woonde. In het derde boek van de Thora, Leviticus, waren meer dan zeshonderd regels overgeleverd voor een rechtschapen leven. Simeon las het boek elk moment dat hij kon. Judas kon de talk van de kaarsen in het huis naast hem nog na middernacht ruiken.

Judas had medelijden met Simeon, al was hij nog maar een jongen en Simeon al een volwassen man. De wetten van God waren net een onontwarbare kluwen. Alleen een dwaas kon proberen er wijs uit te worden. Toen kreeg dezelfde Simeon die altijd 'toevallig' langskwam als er soep op tafel stond, opeens de reputatie dat hij wijs was. Arme mensen die het zich niet konden veroorloven om een priester om raad te vragen, wendden zich tot hem. Hij ontleedde de wet voor hen en regelde de moeilijkste kwesties. Is een paard besmet als een jood het koopt zonder te weten dat het ooit van een Romein is geweest? Hoe groot is de zonde als een jood zonder het te weten varkensvlees eet dat kwaadwillig in zijn eten is gedaan?

Na enige tijd kon de vrouw van Simeon dankzij het karige inkomen haar volgende baby in goede gezondheid voeden. Op een dag verscheen ze met een nieuwe hoofddoek zonder gaten. De buren konden deze wending van het lot niet geloven, maar joden hechten meer waarde aan geleerdheid dan aan God (althans, dat vertelde zijn vader hem), vooral als ze zelf niets wisten.

En daar was hij dan, Simeon de rechter. Hij marcheerde met de rest van het Sanhedrin de hal binnen. Hij was iemand geworden voor wie Judas moest buigen. Beeldde Judas zich in dat hun blikken elkaar even kruisten toen Simeon plaatsnam? Zou Simeon weten dat hij degene was die Judas had uitgekozen om met de doorn te vergiftigen?

'Hier ben ik.'

Judas was zo in beslag genomen dat hij niet had gezien dat Jezus naast hem stond. Hij had het kooitje met duiven in zijn hand. Judas vroeg: 'Ben je klaar om jouw rol te spelen?'

'Als God het wil,' antwoordde Jezus.

Dat was niet het goede antwoord, maar het kon ermee door. De eerste aanklagers naderden de lange tafels waar de rechters aanzaten. Ze gebaarden om hun klachten kracht bij te zetten. Judas greep Jezus bij de arm en trok hem mee door de menigte. Hij riep luid om rechtvaardigheid terwijl hij het vogelkooitje boven zijn hoofd hield.

'Help me, heren. Ik ben bedrogen! Mijn offer is bezoedeld.' Judas deed iemand van het platteland na en boog overdreven voor de rechters die nog meters van hem vandaan waren. De toegestroomde menigte wilde hen er niet door laten, maar Judas schreeuwde harder en overtuigender dan de rest. Hij rolde paniekerig met zijn ogen terwijl schuimvlokken uit zijn mondhoeken dropen.

'Zie je wel? Zie je wel?' riep hij klagend. 'Ze hebben me smerige vogels vol ziektes verkocht. Mijn kind zit vol zweren, alleen al van het aanraken van de vogels!'

Mensen deinsden vol angst achteruit. De tempelbewakers waren te

Judas sleepte Jezus mee naar een smal steegje vol kraampjes. Dat zou de achtervolgers wel afremmen. Maar hij had er niet op gerekend dat de poort aan het einde van de steeg gesloten zou zijn. Judas worstelde wanhopig met de roestige klink.

Hij beval Jezus om hem te helpen. Maar in plaats van hem te helpen door op de deur te bonken of om hulp te roepen, bleef Jezus stilstaan zonder een woord te zeggen.

'Wat voor oplossing heb jij? Denk je dat God wil dat we sterven?' riep Judas boos uit.

Op dat moment ging er een deur open en verscheen er een vrouw. De tempelwachters stonden al aan het begin van de steeg en wezen op de vluchtelingen. Ze vloekten naar de fruitverkopers die niet opzij wilden gaan.

De vrouw sloeg alles gade, maar schreeuwde niet en vluchtte ook niet terug het huis in. In plaats daarvan wees ze naar binnen. Judas en Jezus hadden geen keuze en renden naar binnen. De vrouw smeet de deur achter hen dicht en sloot alles af. 'Het duurt wel een paar minuten voor ze die open hebben gebroken,' zei ze. Haar stem was opmerkelijk rustig. 'Ik denk dat we het wel redden.'

We? Er was geen tijd om vragen te stellen. Judas knikte en de vrouw leidde hen snel door een paar kamers naar een uitgang. Het was donker en de doorgang was bijna te smal voor een volwassen man. Na een paar meter maakte de doorgang een bocht en was het volslagen donker. Een smokkelroute, gokte Judas.

Wat het ook was, de vluchtroute was listig geconstrueerd. Ze konden het zonlicht aan het einde van de gang al zien, maar aan de linkerkant, net voor ze op straat uitkwamen, was nog een geheime deur die eruitzag als een deel van de bepleisterde muur. De vrouw duwde de krakende deur open.

Ze stapten net op tijd in de nauwe en benauwde kast. Judas was gespannen. Hij hoorde de laarzen van hun achtervolgers voorbijkomen. Het ijzeren beslag van hun zolen maakte lawaai op de stenen vloer. Het geluid stierf weg en de doodse stilte keerde terug.

'Nog heel eventjes,' fluisterde de vrouw. 'Soms zijn ze erg slim.'

Inderdaad rende even later een tweede paar laarzen langs de deur.

Hun achtervolgers hadden zich opgesplitst voor het geval de achtervolgden een list hadden bedacht. Een minuutje later was ook dat geluid verdwenen en werd het weer stil. De vrouw deed voorzichtig de deur open en keek naar links en naar rechts.

Jezus greep haar handen en wilde haar bedanken, maar ze stapte weg. 'Ik hoef geen bedankjes. Ik moet met jullie mee.'

'Waarom?' vroeg hij.

Maar Judas wist het al, want hij had niet weggekeken toen de 'heilige vrouwen' die ochtend hun sluiers hadden opgelicht. Dit was de oudste van de prostituees, degene die volgens de pooier zogenaamd zestien was.

'Goed, je kunt mee,' stelde Judas. Als ze eenmaal in veiligheid waren, kon hij er wel achterkomen waarom ze besloten had hen te vertrouwen. Dat een prostituee weg wilde bij haar pooier was niet zo opmerkelijk. Hoe dan ook, ze kende het verwarrende netwerk van steegjes in de achterbuurten van Jeruzalem beter dan welke tempelwachter dan ook.

De naamloze 'heilige vrouw' stemde niet meteen in. Ze keek strak naar Jezus en zei: 'En jij, kun jij het verdragen om met een hoer te reizen?'

Hij knikte en dat was genoeg. Ze leidde hen terug zoals ze gekomen waren, terug naar de doodlopende steeg. Ze haalde een sleutel van de poort tevoorschijn en enkele minuten later waren ze al een eind van de tempel verwijderd.

Judas voelde zich minder gespannen en zijn oren suisden niet meer. Ze liepen achter elkaar een rechte lange weg af met dierenverblijven. Geiten en schapen hokten apathisch samen en letten niet op hen toen ze langsliepen. Judas keek om naar Jezus, die achteraan liep. Hij had de hele tijd nog niets gezegd en nadat hij had begrepen wie ze was, had hij de hoer genegeerd. Judas vroeg zich af of het stilzwijgen de passiviteit van een volmaakte volgeling was of de ondoorgrondelijkheid van een potentiële zondaar.

Maar de waarheid was niet zo ingewikkeld. Jezus moest nog steeds aan het zilveren kokertje van de mezoeza denken die Judas van zijn nek had gerukt. Hij vond het vreselijk dat hij het kwijt was. De Schrift eiste als *mitswa*, een gebod, dat elk rechtschapen huishouden aan de deurpost van de voordeur een mezoeza had vastgespijkerd. De mensen die langs de wegen trokken, hadden een nieuwe gewoonte ontwikkeld, want ze wilden de bescherming van God bij zich dragen waar ze ook waren. Nu had Judas het weggegooid.

Judas zou minachtend lachen als hij hoorde over dit bijgeloof, dus hield Jezus zijn mond. Wie verdiende de bescherming van God? Een rechter lag in een plas van zijn eigen bloed. De zeloten wisten dat ze twee afvalligen in hun midden hadden en zouden hen opjagen. Maar op de een of andere manier maakte Jezus zich daar geen zorgen over. Het was alsof hij in de mezoeza kon kijken, waarin op een stukje perkament een kort gebed stond geschreven. Hij liep achter de 'heilige vrouw' op de stoffige straat en herhaalde voor zichzelf de openingswoorden: 'Hoor, o Israël, de Heer uw God is één.'

Een andere troost was niet mogelijk.

6

Woestenij en verering

De drie vluchtelingen besloten koers te zetten naar de Dode Zee. Eerst weigerde Judas naar het zuiden te gaan. Hij spiegelde zijn reisgenoten een grimmig beeld voor van dorre kusten en zongeblakerde dorpjes. 'Waar denk je dat we van moeten leven? Zout? De boeren daar bidden elk jaar in de hoop dat een hongersnood voorkomen wordt.'

Daarnaast, beargumenteerde hij, hadden de Romeinen een stevige greep op het hele gebied. Ze rekruteerden spionnen onder de allerarmsten. 'Daar vind je geen ondergrondse rebellen. Niemand zal ons een schuilplaats willen geven. In het noorden, waar we vandaan komen, kunnen we gelijkgestemde zielen vinden.'

'En zeloten die ons willen vermoorden,' stelde Jezus.

'Die weten nog van niets,' zei Judas. 'Misschien heeft hun moordenaar het niet gered en ligt hij te rotten in de kelders van Pilatus.'

De drie vluchtelingen zaten rond een klein kampvuurtje in een greppel vol lage struiken die niet te zien was vanaf de hoofdweg. Jeruzalem lag een dagreis achter hen en God was welwillend geweest. Geen enkele Romeinse patrouille had naar de anonieme reizigers omgekeken.

De heilige vrouw had onthuld dat haar naam Maria was, net als de moeder van Jezus. Tot nu toe had ze zich nog niet gemengd in de discussie. Dat werd ook niet van een vrouw verwacht. In plaats daarvan had ze takjes gezocht voor het vuur, een bittere thee gezet van wilde kruiden die ze her en der langs de weg had gevonden en stil geluisterd.

Opeens verbrak ze haar stilzwijgen: 'Galilea is te gevaarlijk. Waar meer rebellen zijn, zijn ook meer informanten. Hoe minder bewoners, hoe beter.' De twee mannen staarden haar aan, maar Maria schrok niet en tilde haar hoofd op. 'Ik ben niet onzichtbaar en ik heb hersenen om te denken,' zei ze. 'Wie heeft jullie de stad uit gekregen?'

Judas vloog overeind en zei: 'Je zegt dat je kunt nadenken. Hoeveel hersens had je nodig om een hoer te worden?'

'Genoeg om dit te verdienen.' Maria klopte op haar overkleed zodat de mannen het rinkelen van munten konden horen.

Judas sprong op. 'Je hebt geld terwijl we allemaal honger hebben? Geef hier dat geld en laten we een herberg gaan zoeken.'

Maria weigerde. 'Ik bewaar het geld voor als we het echt nodig hebben. Als we voor ons leven moeten betalen. Wat doe je liever, jezelf vrijkopen uit de gevangenis of een nacht in een lekker bed slapen?'

Judas hulde zich in beledigd stilzwijgen. Ze wisten alle drie dat ze gelijk had. Het zou misschien niet eens zo lang duren voor ze een corrupte gevangenisbewaker moesten omkopen. Het was belangrijk om dat moment zo lang mogelijk uit te stellen.

Ze sliepen die nacht in de greppel, hun vuurtje verborgen door het struikgewas. Aangezien Maria een plekje had gevonden ver van de mannen, probeerde Judas weer om Jezus over te halen om naar het noordelijke Galilea te gaan. Maar Jezus wilde niet luisteren. De groep kon zich niet opsplitsen, hoe misnoegd Judas ook reageerde. Maria had geld en ze verzette het meeste werk,

'Goed, jij je zin,' zei Judas. 'Ik ga slapen. Jij houdt de wacht.'

Het was gemakkelijker om toe te geven dan om te blijven redetwisten. Er moest iemand op wacht staan. Het gebied rond de Dode Zee was woest en had een natuurlijke aantrekkingskracht op iedereen die iets te verbergen had, zoals rovers, mensen die ontsnapt waren uit de Romeinse gevangenis en belastingontduikers.

Ze vervolgden hun weg in zuidoostelijke richting voor een aantal dagen. Elke avond moesten ze een plaats vinden om de nacht door te brengen. Het zou argwaan wekken als de twee mannen met een vrouw door een dorp liepen. Maria ging naar de markt om eten te kopen. Ze kon goed met geld omgaan. Voor een sjekel per dag kocht ze wat visrestjes en brood van de vorige dag zodat ze hen alle drie kon voeden. Kooplieden schoven haar met een dreigende blik de koopwaar toe en joegen haar daarna meteen weg zodat ze hun stalletje niet kon besmetten. Hoewel de verkopers haar beroep niet kenden, verraadde de manier waarop ze afpingelde, de verleidelijke restjes zwarte kohl rond haar ogen en de manier waarop ze hen aankeek, iets.

'Laat ze maar kijken,' zei ze. 'Tot vorige week was het mijn beroep om mannen naar me te laten staren.'

Maria had wanhopig geprobeerd om te ontsnappen aan de verloedering in Jeruzalem. Maar ze was niet meer het plattelandsmeisje dat ooit naar de stad was gegaan. Haar handen waren zacht van olie en aloëzalf. Ze droeg teenringen en een klein gouden oorringetje. Ze moest zich wel goed presenteren, want je kon nooit weten of een toevallige blik van een man op straat tot verleiding kon leiden. Omdat ze lang was, maar een blanke en bijna melkachtige huid had, keken veel mannen naar haar. Maria moest zich beschermen tegen de minachting van andere vrouwen en de loerende blikken van mannen.

'Alle andere kooplieden verkopen hun waar,' zei ze, 'en in mijn beroep ben ik de koopwaar.'

Voordat Jezus had ingestemd dat Maria met hen mee kon reizen buiten de muren van Jeruzalem, had hij haar laten beloven dat ze zich niet meer zou aanbieden. Judas mopperde dat naast haar lopen al een zonde was. Als ze naar de Schrift zouden leven, zouden de twee mannen niet eens hetzelfde eten mogen eten, laat staan dat zij voor hen kookte.

Maria lachte hem uit. 'Je lijdt liever honger dan dat je de wet breekt? Kijk om je heen. Waar zijn de farizeeërs die je kunnen betrappen?'

Ze hield zich groot, maar Maria was bang dat de twee mannen haar zouden verlaten. Op een avond toen Maria en Jezus alleen waren, vertrouwde ze Jezus toe: 'Judas kan maar niet besluiten of hij me als vrouw of als leproos moet behandelen. Als leproos zou hij in ieder geval niet zo in de verleiding komen me aan te raken.'

Ze zag hoe geschokt Jezus keek en voegde er zacht aan toe: 'Jij bent de enige die ik kan vertrouwen. Jij weet het verschil tussen de zondaar en de zonde.'

Jezus protesteerde: 'Ik ben met Judas verbonden. Alleen samen zijn we sterk.'

Maria keek hem vol begrip aan: 'Probeer niet zo stoer te doen, dat past niet bij je.'

Zonder waarschuwing pakte ze zijn hand en hield hem zo stevig vast dat Jezus zich niet kon terugtrekken. 'Wat is het verschil met de hand van je moeder of van je zuster? Een aanraking is een aanraking tot iemand je bang maakt en zegt dat het een zonde is.'

Jezus voelde zich in verlegenheid gebracht en Maria liet hem los. 'Zie je wel? Je haalde niet naar me uit, dus je twijfelt.'

'Wat is daar goed aan?'

Ze stond op. 'Het leven is meer dan wat er in de Schrift staat. Je bent nog jong en zult er snel genoeg achter komen.' Dat klonk hooghartig en ze liep zonder verdere uitleg weg om haar gezicht in een beekje te wassen. Maar die nacht schrok Jezus wakker. Maria zat naast hem en tikte hem op zijn arm.

'Hier,' fluisterde ze. Ze wierp haar geldbuidel in de handen van Jezus. 'Bewaar het op een veilige plaats en geef mijn geld terug als ik erom vraag. Denk eraan, niet aan hem vertellen.'

'Waarom vertrouw je mij?' vroeg Jezus.

'Ik weet het niet. Misschien zit ik wel gevangen tussen twee dieven.' Ze liep weg en liet Jezus in gedachten achter.

Een paar dagen later sprak hij Maria aan: 'Je werd gedwongen om met mannen te zijn. Je bent niet echt een …'

Maria schudde haar hoofd. 'Nee, er zijn wat dingen gebeurd.'

Haar verhaal was kort en heftig. Toen ze de leeftijd had, werd ze uitgehuwelijkt aan een jonge leerling in de goudhandel. Hij ging helemaal op in zijn werk en zat urenlang gebogen aan tafel om ingewikkelde gevlochten halskettingen en religieuze versieringen te maken. Op een dag, vlak voor het huwelijk zou plaatsvinden, stormden de Romeinen de winkel binnen en beschuldigden de handwerklieden van het maken van vals Romeins geld. De eigenaren van de winkel konden kiezen: óf ze leverden de schuldige uit, óf alle handwerklieden werden gevangen gezet. Jonas, haar verloofde en de jongste van de leerlingen, werd opgeofferd.

'Hij was niet dapper toen hij wegging,' zei Maria. 'Hij huilde, zoals jij ook zou hebben gedaan.'

Ze zei het bijna alsof het iets was om trots op te zijn.

Jonas was bestempeld als verrader, dus het was gevaarlijk om met Maria gezien te worden. Op zekere nacht vluchtte ze naar Jeruzalem. Ze liet haar bruidsschat achter zodat haar jongere zuster een kans had te trouwen.

'Ik stond er alleen voor, maar al snel had een pooier me in de gaten en pikte me op. Hij sloeg me en zette me daarna aan het werk. Iedereen die in de prostitutie zit, is een slaaf. Dat was een half jaar geleden. Al die tijd heb ik afgewacht en opgelet om te kunnen ontsnappen.' Maria keek Jezus nieuwsgierig aan. 'Maar hoe ben jij daarachter gekomen?'

'Ik keek verder dan wat jij me wilde laten zien.'

Daar had Maria niets op te zeggen.

'Wat zijn jullie daar aan het smoezen?' vroeg Judas geïrriteerd. Hij kwam terug van zijn zoektocht naar eten. Het beschimmelde brood en de visresten kwamen zijn neus uit, maar hij had gelukkig een honingraat gevonden waar de honing vanaf droop. Het gevolg was wel dat hij bijensteken over zijn hele gezicht had en ze begonnen al op te zwellen. In zijn mouw had hij wat gerimpelde wilde appeltjes. Judas hurkte op de grond om zijn buit te verdelen.

Maria keek hem aan en zei: 'We hadden het over jou. Je wilt me al een tijdje in de steek laten, maar hebt nog niet het goede moment gevonden om het aan de jongen te vertellen.' Judas keek verstoord.

Voor Jezus kon protesteren, zei ze tegen hem: 'Weet je niet dat hij zo over je praat? Als zijn jongen?'

'Genoeg!' riep Judas. Hij had lange, sterke armen en zonder op te staan haalde hij uit en sloeg de vrouw zo hard dat ze op de grond viel. Maria slaakte een kreet en bleef toen stil liggen.

Jezus bukte en pakte haar deel van de honingraat op. De raat was in het stof gevallen en hij probeerde het kleverige spul met zijn vingers schoon te maken. 'Hier,' zei hij zachtjes terwijl hij de honingraat aan haar teruggaf. 'Ik ben geen honger waard.'

Hij wendde zich tot Judas en sprak, nog steeds op rustige toon: 'Kun je me vertellen waarom jij meer respect zou verdienen dan zij? Jij smeedt plannen met criminelen in grotten. Door jou is een onschuldige man omgekomen op een heilige plaats. Misschien ben jij degene die zich zou moeten schamen voor God.'

Judas verstijfde. 'Je hebt geen recht om dat te zeggen. Ik doe alles voor God.'

'Dus jij mag bepalen wat zonde is en wat niet?' Zonder een antwoord af te wachten, vervolgde hij: 'Als jij dat recht hebt, heeft zij het ook.'

Vol minachting sneerde Judas: 'Een hoer zonder zonde? Dank je voor die wijze les, rabbi!'

Ze aten in stilte en al spoedig was het tijd om verder te gaan. Het leek hun veiliger om door het veld te lopen aangezien de wegen onveilig gemaakt werden door bandieten. Ze hakten hun weg door lage doornstruiken en volgden een rotsige, naar water smachtende beekbedding.

Toen Judas buiten gehoorsafstand was, zei Jezus: 'Hij zal je nu niet meer lastigvallen.'

'Waarom niet? Hij geloofde je daarnet toch niet,' antwoordde Maria. 'Je kunt zien hoe zijn hersens werken. Als ik schuldig ben, wordt zijn zonde kleiner.'

'Hij is nu bang voor me,' zei Jezus.

Maria keek hem sceptisch aan. 'Ik heb nog nooit gezien hoe een lam een wolf verjaagt. Ik draag stenen bij me voor het geval ik jou moet verdedigen.'

Jezus lachte haar toe. 'Ik ken hem nu. Zijn soort kan het niet verdragen als hij geen volgelingen heeft. Ik ben bedreigend voor hem omdat ik zomaar weg kan lopen.'

Ze moesten nog een heel eind afleggen voordat er enige hoop was op een gastvrij dak boven hun hoofd. Ze verborgen alle drie hun gezicht voor God en ze verschilden in niets van moordenaars, Samaritanen en andere desperado's die deze aarde bevolken.

Ze verruilden hun ongebaande pad al snel voor kleine binnenweggetjes. In het kampement deelde Judas nog steeds de lakens uit alsof hij

77

een bende van vijftig rebellen aanvoerde in plaats van twee uitgeputte zwervers. Tegen de schemering gaf hij Jezus zijn mes om dennentakken af te snijden voor hun veldbedden. Jezus kwam terug met een arm vol takken. Judas inspecteerde kritisch elke tak en gooide vol minachting de helft weg. Hij spuwde ook het water uit dat Maria hem bracht en klaagde dat het te smerig was om te drinken. Het grootste gedeelte van de tijd was Judas zo met zichzelf bezig dat hij de andere twee niet eens opmerkte. Hij at zijn voedsel terwijl hij naar de grond keek en meestal antwoordde hij enkel met een 'hmm' op rechtstreekse vragen. Daarna stond hij meestal op en liep hij weg.

Maria lachte hem achter zijn rug om uit. 'Weet je waar hij mee bezig is? Met grootse plannen. Wij zijn slechts opstapjes naar zijn grootsheid.' Volgens haar leed Judas aan grootheidswaanzin.

Jezus lette niet meer op voortekenen, maar toch kruiste er een zijn pad. Het gebeurde op de vierde dag na hun vertrek uit Jeruzalem. Ze trokken door een diep ravijn en hij keek omhoog. Daar zag hij een grote rots die leek op het profiel van een oude man. Jezus schudde zijn hoofd, maar niet omdat de rots zo levensecht de baard en de neus van een oude man leek uit te beelden. Hij had dezelfde rots twee dagen eerder al gezien. Ze hadden in een cirkel gelopen.

'Kijk,' zei hij, 'de Mozesrots.'

Maria keek in de richting die Jezus aanwees. 'Noem je dat zo?' Ze fronste en haar stem werd luider. 'Ik heb die rots eerder gezien'.

Judas liep als altijd voorop en keek over zijn schouder. Hij was eraan gewend geraakt dat Maria en Jezus tegen elkaar fluisterden. Maria keek hem verwijtend aan, maar Jezus drukte tegen haar schouder en ze zei niets. Ze had alle vertrouwen in Judas verloren en ze wachtte ongeduldig haar tijd af.

'We gaan als jij daartoe besluit,' zei ze fluisterend maar fel. 'Maar wacht niet te lang, want anders ben ik er niet meer.'

Als jood wist Jezus dat de plannen van God geheim waren (net als die van Judas, bedacht hij glimlachend). Wat had zijn volk gered toen ze dertig jaar door de woestijn trokken? De Bijbel stelde dat God hun manna gaf, maar Jezus besefte dat het verdwaalde volk niet op brood leefde, niet eens op heilig brood. Ze leefden op het visioen van Mozes. Wat voor het uiterlijke oog zinloos leek, was onderdeel van een verborgen plan. Het uitverkoren volk was niet verdwaald in de woestijn, het was verdwaald in een raadsel. Alleen vooraanstaande figuren kregen een hint van God, zodat ze het raadsel konden oplossen. Dat betekende dat Judas zijn zinnen niet helemaal kwijt was. Hij probeerde achter de verborgen plannen van God te komen. Zou hem dat lukken? Jezus wist het niet, maar toen hij de vreemde rots voor de tweede keer zag, snapte hij het. God zou toestaan dat ze verdwaald waren tot ze niet meer blind waren. Dat was hun test.

Het onderwerp werd niet meer aangeroerd en ze liepen de hele dag verder zonder te spreken. Morgen was het vrijdag en de eerste sabbat onderweg. Het stille water van de Dode Zee zag eruit als lood onder een sombere hemel. Toen de schemering intrad, gingen ze aan de kant van de weg zitten. De wet verbood hun na zonsondergang te reizen. Opeens stak er vanuit het noorden een wind op, zo huilend en wraakzuchtig dat ze een schuilplaats moesten zoeken.

'Kom op,' schreeuwde Judas. De regen kwam met bakken neer en al snel waren ze doorweekt. Hij wees naar de vage contouren van een klein gebouwtje in de verte. Even later stonden ze dicht bij elkaar in een boerenschuur terwijl de duisternis over hen neerdaalde.

Maria haalde het laatste voedsel tevoorschijn en pakte een kaars. 'Jij mag beslissen,' zei ze en ze wendde zich tot Jezus.

De sabbat begon altijd met het aansteken van twee kaarsen (of één als het gezin arm was) door de vrouw des huizes – de moeder of de dochter. Jezus aarzelde even en toen knikte hij. Maria stak de kaars rechtop in de grond. Ze wachtte niet op de verwijten van Judas en zei: 'Draai je maar om als je er niet tegen kan. Wij moeten dit doen.'

Maria probeerde vuur te slaan uit de vuursteen die ze van huis had meegenomen. Maar de wind blies door de kieren van de schuur en het was moeilijk om vuur te maken. Judas keek met onverholen minachting een tijdje naar haar pogingen. 'Laat mij het maar doen,' gromde hij, maar toen hij de vuursteen wilde pakken, trok Jezus zijn hand weg.

'Vertel me eerst waarom we dit doen,' zei hij.

Judas zei geïrriteerd: 'Laten we niet moeilijk doen, rabbi. We voelen ons ellendig, maar we kunnen op zijn minst bidden.'

Jezus schudde zijn hoofd. 'Waarom?'

'Hoezo waarom? Waarom een kaars? Waarom sabbat? Doe niet zo belachelijk. Dit is wat ons volk doet.'

'Sabbat is er om ons volk eraan te herinneren dat we heilig zijn.'

Judas stond op het punt om Jezus' heiligheid in zijn gezicht te slingeren toen een sterke windvlaag de armetierige schuurdeur openblies. De wind trof Judas in de rug en een golf koude regen spoelde over zijn toch al doorweekte kleren. Het maakte Judas nog bozer.

'Stop met dat gepreek tegen me!' schreeuwde hij. Hij sloeg de kaars uit Maria's handen en smeet de deur weer dicht. 'We staan buiten de wet. Jij en deze ...' – hij durfde geen 'hoer' meer te zeggen – 'leven in een droomwereld. Word wakker en snel een beetje graag, anders zijn we straks allemaal dood.'

'Het is niet aan ons om het tijdstip van onze dood te kennen,' zei Jezus. 'De sabbat is ons ware leven. We stoppen met alles zodat we ons herinneren dat we nooit buiten het verbond zullen zijn.' Hij zei het aarzelend. Hij had er moeite mee dat hij Judas moest herinneren aan de meest basale dingen.

De stem van Judas sloeg over en werd bijna hysterisch. 'Eén welgemikte slag van een Romeins zwaard en je hoofd is buiten het verbond. Hoeveel kaarsen kunnen jou redden, rabbi?'

'God zal ons redden,' zei Jezus op besliste toon.

'Waarom? Omdat niemand anders ook maar ene moer om ons geeft? Nou, dat is zo.'

'Omdat ik hem er een reden voor ga geven en wel nu.'

Judas gaf het op zonder zich terug te trekken. Hij keek nors toe hoe Jezus op handen en voeten door de donkere ruimte kroop om de kaars terug te vinden. Toen hij de kaars had gevonden, gaf hij hem aan Maria. Ze veegde het vuil van de lont en probeerde opnieuw vuur te maken met haar vuursteen. Nu vatte een vonk wel vlam en even later bad ze. *Gezegend zijt Gij, o Heer, onze God, Heerser van het heelal, die ons geheiligd hebt met deze geboden en ons hebt opgedragen de lichten van de sabbat aan te steken. Amen.*

Voorzichtig mompelde ze de woorden voor zichzelf. Jezus knielde naast haar neer. Hij verwachtte dat Judas naar buiten zou stormen, maar toen hij zijn ogen opende, zag hij Judas ineengedoken in de hoek zitten met zijn hoofd in zijn handen.

'*Ruach Adonai*,' mompelde Jezus, hij riep de adem van God op die iedere vrome jood elke dag op de been houdt. Jezus wist niet of Judas de zegening hoorde, maar hij hief in ieder geval niet zijn hoofd op in ontvangst. Waarschijnlijk gingen de woorden op in de wind die binnen wilde komen.

De volgende ochtend begon met de jammerklanken van vrouwen. Jezus en Judas schrokken wakker van de schrille klanken. Hun lichamen deden zeer van de vochtige grond en hun doorweekte kleding, en verward keken ze om zich heen. Maria was weg. Het gejammer kwam duidelijk van een aantal vrouwen.

Maria kwam de slaapplaats binnen en wenkte met haar hand. 'Er zijn problemen. Jullie kunnen beter even komen kijken.'

De mannen volgden haar en zagen een grote boerenkar die een paar honderd meter verderop van de weg was geraakt. Een gezin op doorreis had de storm uitgezeten onder de kar. De ezel die de kar trok was 's nachts waarschijnlijk in paniek geraakt, want het tuig was gebroken en de ezel was losgebroken.

'Wat kunnen we doen?' vroeg Maria.

De vrouwen jammerden en probeerden de ezel terug te roepen, maar het dier stond een eind verderop in de dorre omgeving op zoek naar iets te grazen.

'Niets,' zei Judas, 'het is hun pech.'

Wat hij zei was volgens de wet. Een ongelovige kon de ezel vangen en intomen zonder te zondigen, maar de twee mannen van het gezin – waarschijnlijk vader en zoon – konden niets anders doen dan toekijken omdat het hun verboden was enig werk te verrichten op de sabbat.

'Ik ga,' zei Jezus, en voor Maria hem kon tegenhouden, rende hij al door het veld. De ezel was oud en kalm en hij liet de vreemdeling naderbij komen zodat die de losse halster kon pakken. Even later leidde Jezus de ezel terug.

'Het is in orde,' zei hij tegen Maria en hij keerde zich tot Judas. 'Ik volg jouw raad op. Jij zei toch dat we buiten de wet stonden?'

Maar het boerengezin nam de ezel niet van harte aan en het was duidelijk dat de vader boos was.

Jezus wees naar een bokje dat achter aan de kar was vastgebonden. 'Geef me dat bokje. Ik zal het in de volgende stad offeren.' De man aarzelde en keek zijn vrouw vragend aan. 'En het vlees is voor jullie,' voegde Jezus eraan toe. 'Dat beloof ik.'

Dit maakte de boer nog achterdochtiger.

De boerin verbrak de geladen stilte en zei: 'Je hoofd.'

Jezus voelde aan zijn voorhoofd en voelde onder de haargrens een grote striem. Het deed zeer om de striem aan te raken, maar hij kon zich niet herinneren dat hij de striem ergens had opgelopen. 'Het is niets,' zei hij.

'Ik zorg er wel voor. Mijn zegen kan jouw zonde goedmaken,' drong de boerin aan. Maria en Judas wisten dat het geen had om hier tegenin te gaan, dus ging Jezus op de kar liggen en het gezin ging weer op pad. De vrouw wreef een kompres op zijn voorhoofd. De doek stonk en toen ze zijn hoofd verbond met een reepje linnen, vertrok Jezus' gezicht van de pijn.

'Het spijt me,' mompelde de vrouw en ze maakte het verband wat losser.

Zonder om toestemming te vragen, liepen Judas en Maria achter de kar aan. Ze hielden een respectvolle afstand, maar de vader en de zoon keken hen elke paar minuten waarschuwend aan.

Jezus ging overeind zitten en tot zijn verbazing was hij duizelig. Over zijn ogen viel een sluier van zwarte vlekken als muskieten in de zomer. Hij besefte te laat dat hij flauwviel en kon er niet meer tegen vechten. De vlekken werden groter en opeens wist hij hoe hij gewond was geraakt. De vriendelijke vrouw bij de tempel en de stekelige rozenkrans die ze hem had opgedaan. De rozen hadden hem een kleine en ogenschijnlijk volkomen onschadelijke schram bezorgd. Even zag hij de heldere roze bloemen en hoorde hij haar giechelen. Daarna viel het doek.

DEEL II

WONDERDOENER

7

Gegrepen en weer vrijgelaten

Jezus werd wakker van handen die hem vastgrepen. Ze grepen zijn overkleed en sjorden hem overeind alsof hij een zak gierst was. De regen striemde in zijn gezicht en hij hoorde boze stemmen ruzie maken. Hoorde dit bij zijn koortsdroom? Hij probeerde de stekende pijn in zijn hoofd te negeren.

'Je kunt hem er niet zomaar uit gooien. Kijk eens hoe hij eraan toe is!'

'Dat maakt me niets uit. We hebben niets aan hem. Kom op, zoon, trekken!'

De boer en zijn zoon hadden het lichaam al bijna uit de wagen gewerkt. Jezus werkte niet mee en dat maakte het werk zwaar. Hun sandalen slipten steeds op de natte bodem van de kar.

Jezus was te zwak om te protesteren. Zijn hoofd viel opzij als de kop van een lappenpop. Judas stond naast de boerenkar en was des duivels.

'De zonde zal op jullie neerdalen. Willen jullie dat?' riep hij uit.

'We dragen hem niet langer. Hij is weer helemaal van jullie.' De stem van de vader was hard en duldde geen tegenspraak. Jezus kreunde toen zijn rug over het gesplinterde hout van de kar schuurde. Hij had al zo lang pijn dat het er niet meer toe deed. Hij was bang dat hij weer zou flauwvallen en in een duisternis terecht zou komen die erger was dan welke fysieke kwelling ook. In deze gapende duisternis zag hij demonen met scherpe tanden aan zijn hart knagen en hem nog dieper de duisternis in slepen.

De wond aan zijn voorhoofd stonk en was aan het etteren. Hij kon zich vaag herinneren hoe Maria het verband eraf haalde. Een groenachtig pus droop over zijn voorhoofd en Maria wendde zich af zodat Jezus niet kon zien dat ze moest huilen. De regen voelde koel aan en ondanks het weer rilde hij niet. Het was bijna fijn om zo weggegooid te worden. De pijn zou stoppen en hij hoefde niet meer bezig te zijn met de vraag hoe hij gefaald had in de ogen van zijn God.

'Wacht! Ik zeg toch wacht even, verdorie! We kunnen betalen.'

Jezus was nauwelijks genoeg bij bewustzijn om de woorden te horen. Het was de stem van een vrouw, Maria. Hij voelde hoe vingers aan zijn middel frommelden en hoorde het rinkelen van geld. Ruwe handen legden hem op de grond.

'Da's niet veel.'

'Maar het is alles wat je krijgt. Waarom zouden de ongelovigen ons beroven als de joden het werk kunnen doen?'

Maria was weer aan het afpingelen, maar dit keer om hem en niet om een vissenkop.

Midden in het geharrewar zag Jezus een gouden schittering. Het was vaag en ver weg maar kwam steeds dichterbij. Hoe wanhopig hij ook was, het beeld maakte hem blij. Jezus was bang te ontwaken in Gehenna, de hel die gereserveerd is voor degenen die sterven nadat ze God hebben afgewezen. Een plaats waar de eeuwigheid afgemeten wordt door het trage tempo van ondragelijke pijn. Het gouden licht flikkerde en een stem zei dicht bij zijn oor:

'Houd je stil en zeg niets.'

Het was Judas en de gloed was enkel de flakkerende olielamp die hij in zijn hand hield. Jezus kreunde.

'Hoor je me? Geen enkel geluid.'

Wat gebeurde er? Jezus probeerde zijn hoofd te bewegen. Hij lag op de grond in een stoffige kamer. Overal op de houten vloer lagen matrassen van stro en Jezus besefte dat hij in een pleisterplaats was waar arme werklieden konden overnachten als ze onderweg waren. Een man naast hem sliep onder een vuile deken. Alle anderen waren wakker. Ze zaten ineengedoken en keken gespannen naar de deur.

Toen hij besefte dat Maria er niet was, kreunde Jezus weer. Hij moest haar vinden. Hij greep de arm van Judas, maar Judas zag het aan voor een poging weer te spreken. Hij legde zijn hand op de mond van Jezus en fluisterde: 'Romeinen. Ze zijn buiten. Doe alsof je slaapt als je in leven wilt blijven.'

Maar er was geen tijd meer om te doen alsof. De deur vloog open en twee legionairs kwamen binnen. Ze stampten de modder van hun laarzen. Ze werden in hun kielzog gevolgd door een kleine, zenuwachtige man met een traditionele hoge hoed. Een van de soldaten wees in de richting van Jezus.

'Is dat hem?'

Het mannetje knikte nerveus en maakte toen dat hij wegkwam.

'Hup, opstaan allemaal. Nu!' De soldaat die de leiding had blafte zijn bevelen.

Jezus probeerde op te staan, terwijl hij op Judas steunde. Hij keek naar de grond toen de Romeinen hem naderden, maar ze liepen langs hem heen. De andere soldaat schopte de slapende man, maar deze bewoog niet. De soldaat vloekte, maar het lichaam bleef stil.

'Die slaapt zo vast als een hond,' stelde de soldaat vast. Hij knielde en trok voorzichtig de deken weg. Het gezicht van de man zat vol rode vlekken en hij was al een tijdje dood.

De soldaat sprong op en zei: 'Kijk eens, sergeant. We hebben niets gehoord over de pest.'

'Zie ik eruit als een verrekte dokter? Wat het ook is, nu zitten we er allemaal mee.' De sergeant zwiepte met zijn zwaard door de ruimte. 'Eruit jullie. Allemaal. Jullie gaan in quarantaine en geen gezanik. Ik garandeer je dat je de binnenkant van de gevangenis te zien krijgt.'

Mopperend liepen de mannen achter elkaar de schuur uit. Judas probeerde Jezus zo ver mogelijk van hun bewakers weg te houden.

'Waar is ze?' Jezus kon de vraag niet langer binnenhouden.

'Weg.'

Jezus voelde de moed in zijn schoenen zinken. Meer had Judas niet te zeggen en even later moesten ze weer met de soldaten in het gareel lopen. De kleine verfomfaaide groep voegde zich bij een grotere Romeinse groep in een stadje dat bestond uit een rij bouwvallige lemen huizen en stallen aan weerszijden van de hoofdstraat. Het geld van

Maria had hen tot hier gebracht. Toen had de boer zich eindelijk van hen ontdaan.

Schaamte had Jezus hier gebracht. De schaamte van een overwonnen volk had zich als een strop om hem heen gespannen en hem net zo gemaakt als alle anderen. Hij had geprobeerd voor de joden te vechten en dus voor God. Maar zijn acties hadden tot niets geleid. Het was als de as die zijn voorouders op hun gezicht hadden gesmeerd, terwijl ze heen en weer wiegend hun lot beklaagden. Jezus voelde een pijnscheut. Hij keek naar zijn benen en zag dat zijn beide enkels rauw en rood waren met cirkelvormige wonden.

Een tweede, veel hevigere pijnscheut deed hem kreunen. Hij zag het beeld voor zich van een jong vosje dat gevangen zat in een strop die zijn broer Jacobus had gezet. De valstrik was voor konijnen, maar het vosje was jong genoeg om erin verstrikt te raken. Toen Jezus en Jacobus naderbij kwamen om het vosje te bevrijden, gromde het diertje en hapte naar hen. 's Nachts had het zijn vastzittende poot doorgeknaagd en zijn vacht en huid was één bloedende massa. In paniek probeerde het diertje weg te rennen, waarbij het bot van het been brak. Een tel later was het vosje verdwenen, een spoor van bloed en een halve poot in de strik achterlatend. De twee jongens werden er misselijk van.

'Hij kan in ieder geval naar huis rennen,' zei Jacobus hoopvol. Maar Jezus wist dat het vossenjong onderweg zou doodbloeden.

Deze herinnering gaf hem geen hoop. Hij was het vosje en zijn zonde was de valstrik. Wat had hij gedaan behalve aan zijn wond knagen? Uiteindelijk zouden Judas en hij gedood worden en Maria met zich meeslepen. Er moest een andere weg zijn.

Jezus liet zijn hoofd hangen en wachtte tot het zijn beurt was om naar de provisorische gevangenis aan de rand van het dorp te lopen. De gevangenen werden zonder enige vorm van proces in de kleine cel geworpen.

'Hé, we stikken hier,' riep iemand.

De sergeant liep schouderophalend weg en zei: 'Als er een paar doodvallen, is het niet zo benauwd meer.' De soldaten verveelden zich en verlangden naar hun dagelijkse portie gedroogd lamsvlees en rode wijn, versterkt met brandewijn zodat de wijn niet kon bederven.

Judas staarde naar het hoge en onbereikbare raam van de cel. Daarna wikkelde hij zich in zijn mantel, leunde tegen de andere samengeschoolde lichamen en deed zijn ogen dicht. 'Sorry, jongen,' zei hij zachtjes.

Door de ijzige kou voelde Jezus zich even opleven, maar de verlichting was slechts tijdelijk. Hij voelde de koorts weer opkomen en kon nauwelijks meer op zijn benen staan. Hij hurkte en vocht tegen zijn koortsdromen. Bestaan leek niet meer dan een breekbare schaal. De demonen waren terug en knaagden het laatste stukje van zijn hart weg. Zijn gevecht om bij bewustzijn te blijven was slechts een reflex.

Maar de opdoemende leegte eiste Jezus niet op. Hij werd zich bewust van een man die zich vaardig door de overbevolkte cel bewoog. Hij ging van slapende naar slapende en zijn silhouet was nauwelijks zichtbaar als hij zich bukte. Een zakkenroller zou hier niet veel van zijn gading vinden.

De man kwam dichterbij en Jezus besefte dat de man hem iets aanreikte, iets van geitenleer.

'Water, mijn jongen?'

Dankbaar dronk Jezus uit de aangeboden waterzak. 'Wanneer laten ze ons weer vrij?' vroeg hij terwijl hij de zak teruggaf.

'Je kunt gaan wanneer je wilt. De Heer is met je. *Selah.*'

'Wat?'

De man leunde naar voren. 'We hebben op je gelet.'

'We?'

'Ja.'

De man bleef gehurkt voor Jezus zitten. Zijn ogen waren strak op Jezus gericht ook al waren ze in het donker niet zichtbaar.

'Ze tonen geen inzicht, geen begrip, en dolen in duisternis rond, de aarde wankelt op haar grondvesten.'

De man hield zijn hoofd schuin. 'Maar jij begrijpt het, nietwaar?'

Jezus had geen idee waar de man het over had. De vreemdeling citeerde uit de Schrift, net als de oude vrouw in de tempel. De man ging door: 'Ooit heb ik gezegd: "U bent goden, zonen van de Allerhoogste, allemaal".' Hij leunde dichter naar Jezus toe en herhaalde de woorden: 'U bent goden. Het is tijd om dit te bewijzen.'

Voor Jezus kon reageren, had de vreemde man zich omgedraaid en bood hij de volgende gevangene water aan. Jezus strekte zijn arm om de man terug te halen maar een heldere lichtflits verdoofde hem. Deze flits was niet vergelijkbaar met eerdere pijnscheuten. De pijn was zelfs verdwenen en Jezus voelde zich opmerkelijk sterk en alert.

Zonder moeite stond hij op. Of liever gezegd: hij zag zichzelf opstaan, want hij gaf zijn lichaam geen opdracht te bewegen. De woorden van de vreemde man leken een eigen kracht te hebben. Jezus bewoog zonder enige moeite. Hij stapte over Judas heen die als een bal opgerold op de lemen vloer lag, en liep in de richting van de deur. De man had gelijk. Het werd tijd om iets te bewijzen.

Ik ben een zoon van de Allerhoogste.

Hij werd steeds zekerder over dit gebod. De deur zag er afgesloten uit, maar was niet vergrendeld. Misschien was die vreemde man wel binnengebroken. Jezus duwde en de deur ging open. Achter de deur waren fakkels aan de muur bevestigd en twee soldaten hielden de wacht. Ze hadden gedobbeld op de grond en waren daar in slaap gevallen. Hun hoofden hingen naar beneden.

Jezus stopte even en wachtte op een volgende aanwijzing. Er gebeurde niets en zijn hart sloeg over. Zou hij wegrennen? Zou hij de anderen wakker maken en hen helpen ontsnappen? Stil liep hij om de wachten heen. Hij rook de scherpe lucht van drank. Een tweede deur scheidde hem van de straat. De deur was niet op slot en even later stond hij onder de sterren.

Jezus liep met flinke pas de stad uit. Hij voelde geen aandrang om te gaan rennen of na te denken over zijn richting. De streek was te arm om een geplaveide weg te hebben en zijn voetstappen maakten geen geluid in het stof.

Even verderop – Jezus had geen idee hoe ver – kwam vanuit de schaduw een man tevoorschijn. Zijn hoofd was bedekt onder de kap van zijn mantel.

'Volg me, meester.' De man sprak met gezag en niet als samenzweerder. Hij zag Jezus aarzelen. 'Je bent ontsnapt en ik kan je verbergen.'

Jezus zei: 'Wie ben je? Ik ga nergens heen als ik je gezicht niet kan zien.'

De vreemdeling deed zijn kap omlaag en liet een dun, vaal gezicht zien met een ringbaardje dat eerder Romeins dan joods leek. 'Noem me Querulus. Ik ben je vriend.' Jezus schrok van de Romeinse naam en de man zei: 'Het is niet veilig om je mijn echte naam te geven. Nog niet. Je moet voorzichtig zijn tegenwoordig. Kom mee.'

De twee keken elkaar even aan en de man bedekte zijn hoofd weer. Hij ging een nauw steegje in, terwijl Jezus hem volgde. Zijn gedrag had iets overtuigends.

'Waarom noemde je me "meester"?' vroeg Jezus toen ze door een doorgang liepen die zo nauw was dat hij gemaakt leek voor een herdersjongen.

'Ik ben een optimist. Ik zie liever wat er kan zijn dan wat er is.'

Jezus schudde zijn hoofd. 'Dan heb je een misrekening gemaakt. Ik zal nooit slaven bezitten of de lakens uitdelen.'

'Zo bedoelde ik het ook niet, meester,' zei Querulus. Hij had een binnenpretje en zei: 'Als je sneller loopt, zal ik je niet meer zo noemen.'

De man wist de weg in de stad. Hij liep snel in het donker en had geen kompas of maanlicht nodig. Jezus raakte het vreemde gevoel kwijt dat hij nergens bij hoorde en hij zag steeds vaker het beeld voor zich van Judas, die gerold in vuile vodden op de gevangenisvloer lag te slapen. 'Ik moet terug,' zei hij.

'Je zult je vrienden terugzien, alle twee. Voor dit moment hebben ze hun taak vervuld.'

De vreemdeling greep Jezus bij zijn arm. Ze waren blijkbaar bijna bij hun bestemming. Na enkele minuten opende hij een deur die toegang bood tot een kleine woning. De woning leek precies op de andere huizen in de omgeving, behalve dat het er rook naar de warme, kruidige geur van sandelhout. Jezus aarzelde bij de drempel en de vreemdeling wachtte.

'Ik ken die lucht,' zei Jezus.

'Ja, de priesters gebruiken het in de tempel. Kun je je voorstellen hoeveel het kost om elke dag zoiets kostbaars te branden? Als je genoeg geld hebt, kun je God in rook veranderen.'

Querulus glimlachte en wachtte af. Hij had het geduld te wachten totdat Jezus besloten had om binnen te komen. De kilte van de nacht was nu het hevigst, een uurtje voor zonsopgang. Onderweg in het netwerk van steegjes had Jezus de kou niet gevoeld, maar nu rilde hij alsof hij weer koorts had.

'Je biedt een schuilplaats aan en ik neem deze aan,' zei hij, 'maar ik kan degenen die ik achterliet niet vergeten. Beloof je me dat je me bij hen terugbrengt?'

Querulus knikte. Jezus zuchtte en stapte snel over de drempel, naar de warme lucht en het veelbelovende vuur dat brandde in de haard.

JEZUS WERD WAKKER. Hij had lang en diep geslapen en de zon was al halverwege de oostelijke horizon. Een jonge vrouw kwam de kamer binnen en plaatste een kom water naast zijn bed, net zoals zijn moeder elke ochtend deed. Jezus waste zijn gezicht. Hij zag in de weerspiegeling van het water dat de wond op zijn gezicht verdwenen was. Toen hij de plek aanraakte voelde hij geen litteken meer. Het was net of de wond er nooit geweest was.

Het huis was groot en had verscheidene kamers. De vloer was van hout en niet van leem. De kamers waren niet met fakkels verlicht, maar met vergulde olielampen die aan de muur waren bevestigd. Het plafond was in het midden open, net als een Romeins atrium. Hier woonden mensen van stand. Jezus liep de woonkamer binnen en zag vier mensen, die aan tafel zaten te eten. Een van hen, Querulus, de patriciër met een arendsneus wiens profiel zo op een munt had kunnen staan, draaide zich om. De mensen leken geen rebellen, aangezien ze met elkaar praatten alsof ze een gezin vormden. Hij hief zijn vinger om te voorkomen dat Jezus vragen zou stellen.

'Nog niet. Eerst eten. Wen maar aan je nieuwe leven.'

Querulus sprak met evenveel gezag als de avond daarvoor. Jezus ging naast hem zitten en nam een bord aan met tarwekoeken, olijven, vijgen en gedroogd lamsvlees. Zo'n ontbijt had hij nog nooit in zijn leven gehad. Querulus lachte toen hij zag hoe weinig Jezus at.

'Neem het ervan. Je hoeft geen honger te lijden enkel en alleen omdat je uit Nazaret komt.'

Jezus keek verbaasd op. Het noemen van de naam van zijn dorp ver-
anderde de atmosfeer in de kamer en de andere drie mensen aan tafel,
twee vrouwen en een man, stonden op en verlieten de kamer.

'Zijn ze bang om met mij gezien te worden?' vroeg Jezus.

Querulus schudde ontkennend zijn hoofd. 'Dat niet, maar het is een
ernstige zaak om jou onderdak te bieden. Kijk me niet zo aan. Het is
ernstig, maar niet gevaarlijk. Dit is een veilige plaats.'

Uit de manier waarop Querulus als gastheer optrad, maakte Jezus
op dat hij de eigenaar van het huis moest zijn. De andere man – misschien een broer – was wellicht met een van de vrouwen getrouwd en
de andere vrouw kon de echtgenote van Querulus zijn. Jezus at in stilte
en dacht over deze mogelijkheid na. Hij nam een laatste slok van zijn
drinken, een met honing gezoete wijn, aangelengd met water.

'Waarom is de gevangenisdeur voor me opengemaakt?' vroeg hij.

'Een test, een teken, een voorteken of zomaar. Je weet hoe joden
denken. Heb je daar niet eindeloos over gediscussieerd met je blinde
vriend Izaäk?' Jezus fronste zijn wenkbrauwen, maar Querulus wuifde
zijn verbazing weg. 'Ik ben hier niet om je raadsels te verkopen. We
kennen Izaäk en hij was degene die ons op jou wees. We hoefden je
alleen nog maar te vinden.'

Jezus lachte wrang. 'Wat maakt mij zo kostbaar?'

'Dat zullen we nog wel zien, nietwaar?' Querulus stond op van tafel.
'Als je eraan toe bent, wil ik je iets laten zien.'

Jezus knikte. Hij voelde zich ongelooflijk sterk. Hij had geen koorts
meer en geen stijve ledematen. Zijn genezing was onderdeel van hetzelfde wonder dat hem uit de gevangenis had bevrijd en het was niet
nodig er de aandacht op te vestigen. Querulus en de zijnen waren
blijkbaar gewend aan wonderen.

De twee mannen gingen naar buiten. Het was bijna middag en de
straat was vol activiteit. Querulus liep snel en baande zich een weg tussen de ezelkarren en venters.

'Het is nog even lopen,' zei hij en hij wees in de verte. 'Je kunt me
alle vragen stellen die je wilt, maar niet allemaal tegelijk. We zullen de
komende tijd genoeg samen zijn.'

Op dat moment had Jezus geen vragen. Zijn redder handelde even zelfverzekerd als Judas. Dat betekende dat hij Jezus ook als een volgeling zag, maar hij had hem wel 'meester' genoemd.

'Ik wil mijn familieleden weer zien,' zei Jezus. 'Je kent de weg naar Nazaret. Kun je daarvoor zorgen?'

Querulus schudde ontkennend: 'Te gevaarlijk. Izaäk heeft deze ochtend bericht gekregen en hij zal je moeder zeggen dat je veilig bent. Is dat alles? Er moet toch meer zijn!'

Ze hadden het laatste huis van het dorpje gepasseerd en liepen door een veld met her en der wat gerst en onkruid. Jezus dacht in de verte het vage gerinkel van belletjes te horen.

'We komen dichterbij,' zei hij.

'Inderdaad.' Querulus reageerde wat geïrriteerd. 'Je vraagt er niet naar, dus zal ik het zelf maar zeggen. Wij zijn geen rebellen of fanatici. We zijn meer toeschouwers, maar wel een bepaald soort toeschouwers. Wij kijken vanuit de ogen van God. Denk je dat dat mogelijk is?' Jezus zocht naar een antwoord en Querulus lachte hem uit: 'Maak jezelf niets wijs. Jij probeert hetzelfde te doen.'

Het gerinkel van belletjes werd steeds luider en toen ze over een kleine heuvel kwamen zag Jezus waar het geluid vandaan kwam. In het volgende veld liep een kleine bruidsstoet. De bruid en de bruidegom liepen onder een wit baldakijn, opgehouden door vier mannen. De enkelbelletjes van de bruid rinkelden zachtjes onder het lopen. Querulus knikte naar hen.

'Wij gaan waar zij naartoe gaan. Maar we kunnen ons het beste eerst wat afzijdig houden. Discretie is gewenst.'

Hij legde niet uit waarom ze discreet moesten zijn. Toen Jezus weer keek, besefte hij dat de bruidsstoet geen gasten had en slechts bestond uit het bruidspaar en de vier baldakijndragers. Waarom geen gasten en geen viering? Om daarachter te komen moest hij afwachten.

Ze liepen een halve kilometer in de middagzon. Het kale veld werd bos en het bruidspaar ging het bos in. Ze hoefden zich echter geen weg te banen door het kreupelhout. Toen zijn ogen aan het boslicht gewend waren, zag Jezus dat er al een gemakkelijk te volgen pad was. Na een paar honderd meter pakte Querulus Jezus bij de arm om hem te stoppen.

'Wees stil,' zei hij zachtjes. 'Kruip naar voren zodat je het kunt zien.'

Het pad was verdwenen zonder dat het ergens naartoe had geleid en het bruidspaar was verdwenen, maar de belletjes waren nog steeds te horen. Even later was het stil.

'Kijk.'

Querulus trok wat dikke takken weg en Jezus zag een open plek in het bos. De bruiloftsgasten zaten geknield op de zachte bodem van dennennaalden, maar ze waren niet alleen. Voor hen stond een jongen van een jaar of twaalf. Hij was gekleed in een rode mantel en had een stuk of zes mezoeza's om zijn nek hangen. Zijn haar kwam bijna tot zijn middel en was strak gevlochten.

Voor Jezus de kans had om goed te zien wat er aan de hand was, gaf de jongen een schreeuw en begon op een koortsachtige toon woorden uit te kramen. Het was echter geen gebrabbel, maar een afgeraffeld gebed dat zo snel uit zijn mond rolde dat de woorden aan elkaar geregen werden. De bruid en de bruidegom begonnen op dezelfde manier te bidden, alleen wat zachter.

De jongen draaide in het rond en zwaaide met zijn armen, eerst langzaam en toen steeds sneller. De woorden bleven uit zijn mond stromen. Terwijl zijn lichaam wervelde, tastte hij in zijn mantel en haalde iets tevoorschijn wat eruitzag als een zwart touw. Maar het touw kronkelde en wilde zich om de arm van de jongen winden. De bruid en bruidegom stopten met bidden en hun ogen werden groot van angst.

'Een adder,' fluisterde Querulus.

De jongen was niet bang voor de gifslang. Hij gooide zijn arm in de lucht terwijl de slang zich eromheen wikkelde. De bruid werd lijkbleek en bereidde zich voor op wat komen ging. De jongen stopte met draaien. Hij ging naar haar toe en het wit van zijn ogen glinsterde.

'Heer, geef uw zaad aan deze, uw dochter, opdat zij gezegend zij.'

Met een snelle beweging drukte hij de kop van de slang tegen de buik van de jonge vrouw. Hij duwde zo hard dat de slang haar beet. De bruid kreunde zacht en viel flauw. De jongen keek naar de bruidegom en de vier baldakijndragers die hun angst probeerden te verbergen.

'Wees niet bang. God heeft het gif in honing veranderd.'

Even bewoog er niemand. Toen bracht de bruid trillend haar hand naar haar gezicht en kwam ze met een zucht weer bij bewustzijn. De mannen waren zichtbaar opgelucht. Ze gingen om de jongen, die zich nu gewoon en zelfs verlegen gedroeg, heen staan. De bruidegom tikte hem op de rug.

'Een zoon? Als ze baart, zal het een zoon zijn?'

De jongen knikte lachend en vol vertrouwen. De bruid was nu weer helemaal bij bewustzijn. De bruidegom omarmde haar en iemand haalde wijn tevoorschijn om het te vieren.

'Genoeg, laten we gaan,' zei Querulus.

Hij trok Jezus weg. Toen ze buiten gehoorsafstand waren, zei hij: 'Dit gaat elke week zo. Het zijn eenvoudige lieden. Ze beseffen niet dat je bij een slang de giftanden eruit kunt trekken.'

'Wat als ze een kind baart en het is geen jongetje?' vroeg Jezus.

Querulus haalde zijn schouders op. 'Dan geven ze haar de schuld. Als ze pech heeft klagen ze haar aan voor overspel en dan ziet het er heel erg slecht voor haar uit.'

Jezus voelde zich niet op zijn gemak door het vreemde ritueel. Toen ze het bos uit liepen, vroeg hij: 'Waarom wilde je dat ik dit zag?'

'Vanwege de jongen. Dat ben jij. Alleen die jongen is niet echt, maar een bedrieger.'

'Doe niet zo gek.'

'Doe ik dat?' Querulus stopte aan de rand van het veld en keek naar de zon. 'Judas zou je op die manier gebruiken als hij er behoefte aan had. Hij is al halverwege. Weet jij op wat voor ideeën hij komt als hij beseft dat je de gevangenis uit bent gelopen en ziet dat je weer genezen bent? Redding is niet altijd werk voor de ziel. Het kan ook een doel zijn en dat is precies wat hij nodig heeft.'

Bij elke zin werd de verbijstering van Jezus groter. 'Ik zou nooit mensen bedriegen zoals die jongen deed. Jij lijkt te weten wat Judas van me wil. Wat wil jij van me?'

'Dat zal ik je zeggen. Aan de rand van elke maatschappij wacht een heiland. Dat is waar de mensen naar verlangen. Een bovennatuurlijk wezen dat ervoor zorgt dat alle kwaad verdwijnt. Zorgen, ziekte, armoede. Daar bidt je moeder toch ook voor?'

Toen hij zijn moeder hoorde noemen, beet hij op zijn lippen. 'Ga verder,' zei hij kortaf.

'Om een heiland te zijn heb je slechts twee dingen nodig: de menselijke aard en de tijd waarin je leeft,' stelde Querulus.

Jezus fronste zijn wenkbrauwen: 'Nu klink je net als Judas. Ik laat me door geen van jullie gebruiken.'

'Niet na de eerste keer, bedoel je? Wat als zijn kleine list had gewerkt?'

Jezus keek de andere kant op. Het was onderdeel van het grotere raadsel hoe Querulus achter het nepwonder in de tempel was gekomen. Waarom was hij in Jezus geïnteresseerd? Waarom had hij een analfabeet uit een dorpje ver in het noorden uitgezocht? Querulus kon de twijfel van Jezus' gezicht aflezen.

'Je moest die jongen in het bos zien,' zei hij. 'Hij is een bedrieger, maar de honger die hij stilt is echt. De mensen hebben geen rooie cent, maar ze halen toch ergens geld vandaan om hem te betalen. Hij geeft het geld aan zijn vader die de slangen vangt en die de zielige vertoning leidt. Ze trekken in een kar van stad naar stad. Het is een voortdurende show.'

'Die niets met mij te maken heeft,' protesteerde Jezus.

'Het heeft met ons allemaal iets te maken,' antwoordde Querulus fel. Hij had nauwelijks een minuutje gerust, maar dat was genoeg voor iemand die zo rusteloos was als hij. 'Kom op.' Even later liepen ze door de velden terug naar de stad.

Jezus had geen zin om ruzie te maken. De helft van wat Querulus zei was waar. Overal waar je keek zaten heilanden in de schaduw op de loer. Niet iedereen had genoeg lef om te verkondigen dat hij de messias was. Ze deden zich voor als magiër of als wonderrabbi of als gebedsgenezer. Als kind was Jezus door dit soort personen gefascineerd geweest. Maria en Jozef waarschuwden hem dat God het verschil kende tussen mensen die deden alsof en mensen die echt vanuit zijn naam werkten. Ze hadden nooit uitgelegd hoe God dit wist en Jezus had er nooit naar gevraagd. De wonderrabbi's en gebedsgenezers waren zeldzamer geworden omdat de Romeinen harder optraden en wetten tegen hen uitvaardigden. Nepwonderen werden veroordeeld als snode plannen van de opstandelingen, die ze gebruikten om onwetende plattelandsjoden aan hun kant te krijgen.

Toen de rand van de stad in zicht kwam, zei Jezus: 'Querulus is een vreemde naam. Wat betekent hij?'

'Het betekent klager.'

'Ben jij iemand die klaagt?' Klagen leek een karaktertrek die je verbergt en waar je niet trots op bent.

Querulus haalde zijn schouders op. 'We nemen een naam aan omdat het de staat van de ziel beschrijft. Het is een code. Mijn ziel klaagt erover dat ze gevangen zit in deze wereld vol lijden. Klaagt jouw ziel daar ook niet over?'

'Ja.' Met dat antwoord had Jezus geen enkele moeite. 'Krijg ik ook een naam als ik blijf?'

'Je hebt er al een: "meester". Alleen vind je die naam niet prettig.'

Jezus gaf geen antwoord. Hij herinnerde zich wat Querulus die ochtend had gezegd over een nieuw leven. Hij had gesproken alsof Jezus al deel uitmaakte van hun groep. Was dat zo? Op de achtergrond speelde de vreemde en onthechte geestestoestand nog mee. Jezus voelde geen enkele neiging om weg te lopen. In een wereld zonder vrede maakte het voor zijn ziel weinig uit waar hij naartoe ging.